# A reflexão e a prática no Ensino Médio

## 13

## Filosofia

Blucher

# A reflexão e a prática no Ensino Médio

## 13

# Filosofia

**Márcio Rogério de Oliveira Cano**
coordenador da coleção

*Jarbas Vargas Nascimento*

*Jerry Adriano Villanova Chacon*

*César Gomes Bonfim Dias*

*Anderson Ferreira*

autores

*Coleção A reflexão e a prática no Ensino Médio – volume 13 – Filosofia*

©2016 Márcio Rogério de Oliveira Cano (coord.), Jarbas Vargas Nascimento, Jerry Adriano Villanova Chacon, César Gomes Bonfim Dias, Anderson Ferreira

Editora Edgard Blücher Ltda.

# Blucher

Rua Pedroso Alvarenga, 1245, 4º andar

04531-012 – São Paulo – SP – Brasil

Tel.: 55 11 3078-5366

**contato@blucher.com.br**

**www.blucher.com.br**

Segundo o Novo Acordo Ortográfico, conforme 5. ed. do *Vocabulário Ortográfico da Língua Portuguesa*, Academia Brasileira de Letras, março de 2009.

## Ficha catalográfica

Filosofia / Jarbas Vargas Nascimento...[et al]. – São Paulo: Blucher, 2016. 160 p. : il. (Coleção A reflexão e a prática no ensino médio, v. 13 / Márcio Rogério de Oliveira Cano, coord.)

Bibliografia
ISBN 978-85-212-1092-4

1. Filosofia – Estudo e ensino 2. Prática de ensino I. Título II. Nascimento, Jarbas Vargas III. Cano, Márcio Rogério de Oliveira

16-0800                                   CDD 100

Índices para catálogo sistemático:
1. Reflexões e prática no ensino de filosofia

# Coordenação e autores

**COORDENADOR DA COLEÇÃO**

## MÁRCIO ROGÉRIO DE OLIVEIRA CANO

Professor do curso de Letras do Departamento de Ciências Humanas da Universidade Federal de Lavras, mestre e doutor pelo Programa de Estudos Pós-Graduados em Língua Portuguesa da Pontifícia Universidade Católica de São Paulo. Desenvolve pesquisas na área de Ensino de Língua Portuguesa e Análise do Discurso. Possui publicações e trabalhos apresentados na área, além de vasta experiência nos mais variados níveis de ensino. Também atua na formação de professores de Língua Portuguesa e de Leitura e produção de textos nas diversas áreas do conhecimento.

**AUTORES**

## JARBAS VARGAS NASCIMENTO

Professor titular do Departamento de Português e do Programa de Estudos Pós-Graduados em Língua Portuguesa da Pontifícia Universidade Católica de São Paulo (PUC-SP) e do Mestrado em Linguística da Universidade Federal do Espírito Santo (Ufes). Possui graduação em Filosofia e em Letras pela Faculdade Nossa Senhora Medianeira, mestrado em Língua Portuguesa pela PUC-SP, doutorado em Linguística pela Universidade de São Paulo (USP) e pós-doutorado em Letras pela Universidade Estadual Paulista (Unesp) de Assis.

## JERRY ADRIANO VILLANOVA CHACON

Professor efetivo de Filosofia da rede pública estadual de São Paulo. Exerce a função de analista técnico educacional de Filosofia no Serviço Social da Indústria de São Paulo (Sesi-SP). Possui graduação em Filosofia pelo Centro Universitário Assunção (Unifai) e em Pedagogia pelo Centro Universitário Nove de Julho (Uninove). Tem especialização em ensino religioso e práticas pedagógicas pelo Unifai e atualmente é mestrando em Educação: Currículo na Pontifícia Universidade Católica de São Paulo (PUC-SP).

## CÉSAR GOMES BONFIM DIAS

Professor de Filosofia de Ensino Médio na rede pública e privada. Possui Licenciatura em Filosofia pelo Centro Universitário Assunção (Unifai) e mestrado em Filosofia pela Pontifícia Universidade Católica de São Paulo (PUC-SP).

**AUTORES**

### ANDERSON FERREIRA

Professor de Língua Portuguesa nas redes municipal e estadual de São Paulo. Atualmente, é doutorando em Língua Portuguesa na Pontifícia Universidade Católica de São Paulo (PUC-SP), com estágio sanduíche na Universidade do Minho (ILCH), em Portugal. É mestre e especialista em Língua Portuguesa pela PUC-SP e bacharel e licenciado em Filosofia pela Universidade Federal de São Paulo (Unifesp). Tem graduação em Letras/Literatura pela Universidade Guarulhos (UNG). É bolsista da Coordenação de Aperfeiçoamento de Pessoal do Nível Superior (Capes).

# Apresentação da coleção

A sociedade em que vivemos hoje é um espaço dos lugares virtuais, do dinamismo, da diversidade, mas também do consumo, da compra da felicidade e do seu envelhecimento para ser trocada por outra. Formar o sujeito em dias como esses é nos colocarmos no lugar do risco, da complexidade e do vazio que vem a ser preenchido pelos vários sentidos que esse sujeito existente produz nos espaços em que circula, mas que não são fixos. A escola é hoje um desses espaços. Em outras épocas, em lógicas anteriores, ensinar o conteúdo em detrimento da falta de conteúdo bastava; a escolha era entre aprovar e reprovar, entre a verdade e a mentira. Agora, o trabalho dessa mesma escola (ou de outra escola) é produzir o desenvolvimento desse sujeito no cruzamento de suas necessidades individuais com as do coletivo, do seu modo de aprendizagem com o modo coletivo, do local harmonizado com o global. Isso faz do ensino um trabalho árduo para contemplar essas adversidades e poder desenvolver um trabalho competente a partir delas.

Se a sociedade e a escola estão nessas dimensões, ao pensarmos em uma modalidade específica como o Ensino Médio, temos um exemplo em maior potencial de um lugar esvaziado pela história e pelas políticas educacionais. Qual a função do Ensino Médio em meio ao Ensino Fundamental e à Graduação, em meio à infância, à pré-adolescência e à fase adulta? O objetivo centra-se na formação para o trabalho, para o mundo do trabalho, para os processos seletivos de entrada em universidades, para uma formação humanística ou apenas uma retomada com maior complexidade do Ensino Fundamental?

Em meio a esses questionamentos, surgiu o projeto dessa coleção, voltado especificamente para pensar metodologias pedagógicas para as diversas áreas que compõem o Ensino Médio. A questão central que se colocava para nós, no início, não era responder a essas perguntas, mas sistematizar uma proposta, nas diversas áreas, que pudesse, ao seu término, produzir um discurso que preenchesse o espaço esvaziado dessa modalidade de ensino e que, de certa forma, se mostrasse como emblemático da discussão, propiciando outros questionamentos a partir de um lugar já constituído.

Por isso, nesta coleção, o professor que já atua em sala e o professor em formação inicial poderão ter contato com um material produzido a partir das pesquisas e reflexões de vários professores e pesquisadores de diversas instituições de pesquisa e ensino do Brasil que se destacaram nos últimos anos por suas contribuições no avanço da educação.

Aqui, a proposta contempla não formas e receitas para se trabalhar conteúdos, mas metodologias e encaminhamentos pedagógicos que possam contribuir com a reflexão do professor acerca do seu trabalho local em relação ao coletivo, bem como os objetivos de aprendizagens nas diversas instituições que formam professores.

Nossos pilares para a construção desse material foram definidos a partir das pesquisas já desenvolvidas, focando, primeiro, a noção de formação de um sujeito transdisciplinar/interdisciplinar, pois concordamos que o foco do ensino não deve ser desenvolver este ou aquele conteúdo, mas este e aqueles sujeitos. Por isso, entendemos que o ensino passou de um paradigma centrado no conteúdo para outro focado, agora, na aprendizagem. Por isso, tendo como centro o sujeito e a sua aprendizagem, as propostas são construídas de forma a servirem de ponto de partida para a ação pedagógica, e não como roteiro fixo de aprendizagem, pois, se as aprendizagens são diferentes, todos os trabalhos precisam ser adaptados às suas realidades.

Essa ação pedagógica procura primar pelo eixo experiência--reflexão. Amparada pela história e por um ensino tradicional, a escola ainda reproduz um modelo puramente intelectivo sem, no entanto, oportunizar a experiência, fazendo a reflexão sobre o que não se viveu. O caminho que propomos aqui leva ao inverso: propor a experiência para os alunos e depois fazer a reflexão, seguindo o próprio caminho que faz com que a vida nos ensine. Vivemos as experiências no mundo e aprendemos com ela. À escola, cabe sistematizar essa reflexão sem nunca negar a experiência.

Se o sujeito e suas experiências são centrais, a diversidade dos sentidos apresentará um modelo bastante complexo de discussão, sistematização e encaminhamento pedagógico. A diversidade contempla as diferentes histórias, de diferentes lugares, de diferentes etnias, gêneros, crenças etc., mas só com ela presente em sala de aula podemos fazer com que esse sujeito veja sentido naquilo que aprende e possa construir um caminho para a vida a partir de sua diversidade.

Assim, pensamos, enfim, em contribuir com o Ensino Médio como um lugar cuja maturidade possibilite a ligação entre uma experiência de vida que se abre para o mundo, uma experiência local, familiar, muitas vezes protegida, que se abre para um mundo de uma ação de trabalho coletiva, democrática, centrada no outro, das adversidades das escolhas universitárias, mas também não universitárias, de outros caminhos possíveis, de um mundo de trabalho ainda opressor, mas que pode ser emancipador. E, nesse espaço, queremos refletir sobre uma possibilidade de função para o Ensino Médio.

Agradecemos a escolha e convidamos todos a refletir sobre esse mundo conosco.

Márcio Rogério de Oliveira Cano

*Coordenador da coleção*

# Conteúdo

# Introdução

A inserção da Filosofia e da Sociologia no currículo do Ensino Médio foi uma grande conquista, fruto de articulações sociais e acadêmicas. O retorno dessas disciplinas à grade curricular pode ser associado ao movimento de redemocratização do Brasil, pois se consolidam como elementos propícios para pensar, repensar, questionar e propor temas à sociedade.

Este livro procura contribuir com o processo de legitimidade da presença da filosofia no Ensino Médio como subsídio indispensável para a formação ética e cidadã dos estudantes. Nesse sentido, apresenta de forma sistematizadora e em uma linguagem mais "simples" propostas de abordagem do ensino da filosofia.

Na proposta didática para o trabalho da filosofia, notamos a importância dada ao uso de textos clássicos da área e a articulação com demais códigos de linguagem, tais como músicas, charges e imagens. Partimos da ideia do mito para chegar ao conhecimento filosófico, apreendido pelo posicionamento de diferentes escolas e filósofos no percurso histórico dessa disciplina. Também justificamos um dos objetivos do estudo da filosofia, principalmente na faixa etária em foco neste livro, que tenta colaborar na consolidação da formação integral do estudante.

É importante que o professor estimule a leitura e a pesquisa com base na reflexão crítica e incentive os estudantes a confrontar os pensamentos dos filósofos com as respostas que a sociedade atual dá a diferentes questões que vivenciam, a fim de que possam enfrentar, com maturidade, os problemas que surgem em suas vidas. Por estar ligada ao cotidiano, a filosofia torna-se fundamental na vida de todo ser humano.

Agora, algumas palavras sobre os capítulos.

No primeiro capítulo, refletimos, à luz das leis e da didática, envolvendo o processo de reinserção do ensino de Filosofia no nível médio da educação básica, e pensamos algumas possibilidades da prática de ensino pautadas em habilidades e competências. Nos demais capítulos, fazemos um caminho em consonância com o proposto no primeiro capítulo.

O segundo capítulo traz, de forma tradicional, as discussões iniciais da filosofia com a passagem mito-filosofia, destacando a epistemologia de Platão e Aristóteles. Propomos fazer uma provocação, ou seja, chamar o aluno a refletir sobre o que levou alguns sujeitos a pensar de forma, talvez, divergente dos mitos.

No terceiro capítulo, destacamos a lógica como fundamental ao fazer filosófico, pois ela se estabelece como base da construção do raciocínio. Propomos muitos exercícios para serem desenvolvidos pelos alunos, sobretudo atividades relacionadas à matemática, à análise de enigmas e às possibilidades de se trabalhar a lógica com o auxílio de literatura, filmes e desafios mentais.

O quarto capítulo destaca a relação eu-outro como elemento fundamental da moral e da ética, motivando o pensamento sobre os valores que fazem parte do cotidiano do Brasil, expressado em letras de música, charges, tirinhas e vídeos. Oferecemos elementos para entender a moral como relativa às culturas de determinada época e região e propomos retomar teorias éticas com o intuito de dar bases para pensar a moral – a ética.

No quinto capítulo, desenvolvemos o tema da política do ponto de vista das reflexões de Michel Foucault e Max Weber. A ideia fundamental é entender como se dão as relações de poder na sociedade por meio das características práticas, do exercício do poder político. Essa opção não descarta a linha teórica clássica sobre o Estado. Como em filosofia política há grande ênfase no tratamento do poder político pelo viés das teorias do Estado, pensamos em uma proposta que dialogue com essa já difundida.

Fazemos um convite, no sexto capítulo, para o pensamento dos significados do gosto e da beleza, procurando sair do senso comum da ideia de estética apenas como embelezamento físico. Tratamos de criar possibilidades para a experiência do olhar estético filosófico e para o entendimento do gosto, visando a compreender o que acarreta de nossos juízos de beleza e o que significa a apreciação da arte.

O sétimo capítulo apresenta a tarefa de pensar o que é o ser com os alunos. Partindo das reflexões da metafísica de Aristóteles, oferecemos uma proposta de como pensar o aspecto transcendental da realidade que vemos, tocamos e sentimos. A ideia é refletir sobre o que são as coisas, como se definem e se determinam, isto é, pensar a identidade das coisas. E se a tônica é refletir sobre o transcendental, propomos pensar a existência de Deus, por meio do pensamento de Santo Tomás de Aquino.

No capítulo oito, trabalhamos as características do senso comum, da ciência e da tecnologia no sentido de entender seus limites e possibilidades como corpo de conhecimentos que viabilizam o processo de construção de verdades e de usos para a evolução da forma de viver na Terra. Partimos das reflexões da revolução científica, no século XVI, e tratamos dos avanços da ciência tecnológica, seus limites e possibilidades para a vida humana.

O nono capítulo traz o fazer filosófico como prática de pensar a existência histórica, social e política, com vistas a assumi-la, conscientes da necessidade de libertarmo-nos da dominação cultural (intelectual), social e política que desumaniza e aprisiona. Pelo olhar de Bartolomeu de Las Casas, partimos da realidade de desumanização ocorrida no início da colonização da América Latina e chegamos à filosofia da libertação de Enrique Dussel. Desse modo, propomos aos alunos maneiras filosóficas de intervenção e transformação do mundo humano.

Por fim, no décimo capítulo, sugerimos um diálogo com questões sobre a vida na contemporaneidade: cultura de massa, indústria cultural e educação. A ideia é entender a realidade cultural que criamos enquanto sociedade de massa e que tipo de desafios o indivíduo que faz filosofia impõe a si pensando na contemporaneidade. Estudar filosofia implica fazer filosofia, ou seja, assumir a existência para pensá-la e transformá-la em uma forma mais humana, mais livre e mais consciente.

# 1

# A filosofia no Ensino Médio

A Filosofia, banida como disciplina do currículo escolar em 1971 e substituída por educação moral e cívica, depois de quase quarenta anos, passou novamente a integrar a matriz curricular do Ensino Médio no Brasil. Isso foi possível com a entrada em vigor da Lei nº 11.684, de 2 de junho de 2008, responsável por alterar o artigo 36 da Lei de Diretrizes e Bases da Educação (LDB). Com a lei de 2008, foi estabelecida a obrigatoriedade do ensino de Filosofia e de Sociologia em todo Ensino Médio. A seguir, apresentamos trecho do artigo 36:

> § 1º Os conteúdos, as metodologias e as formas de avaliação serão organizados de tal forma que ao final do ensino médio o educando demonstre:
>
> I – domínio dos princípios científicos e tecnológicos que presidem a produção moderna;
>
> II – conhecimento das formas contemporâneas de linguagem;
>
> III – domínio dos conhecimentos de **Filosofia** e de **Sociologia** necessários ao exercício da cidadania (BRASIL, 2008, grifos nossos).

No artigo 35 da LDB, incisos II e III, quando se destaca o perfil de saída do aluno do Ensino Médio, lemos:

> Art. 35º O ensino médio, etapa final da educação básica, com duração mínima de três anos, terá como finalidades:
>
> [...]

*II - a preparação básica para o trabalho e a cidadania do edu-*
*cando, para continuar aprendendo, de modo a ser capaz de se*
*adaptar com flexibilidade a novas condições de ocupação ou*
*aperfeiçoamento posteriores;*

*III - o aprimoramento do educando como pessoa humana,*
*incluindo a formação ética e o desenvolvimento da autono-*
*mia intelectual e do pensamento crítico; [...] (BRASIL, 1996).*

Na já citada Lei nº 11.684, que altera o artigo 36 da Lei
nº 9.394, de 20 de dezembro de 1996, foi inserido o inciso IV
que aponta: "Serão incluídas a Filosofia e a Sociologia como
disciplinas obrigatórias em todas as séries do ensino médio"
(BRASIL, 2008).

Essas alterações são fruto do esforço e da luta de vários
educadores, bem como do Conselho Nacional de Educação
(CNE) e da Câmara de Educação Básica (CEB), que por meio
do Parecer nº 22/2008 do relator César Callegari afirmavam
a Filosofia e a Sociologia como componentes curriculares a
serem implantados em todos os estados brasileiros, cujos sistemas de ensino deveriam "fixar normas complementares e
medidas concretas para a oferta desses componentes curriculares em todos os anos de duração do Ensino Médio" (BRASIL,
2008). Esses sistemas, reforça o parecer, "Devem, ainda, zelar
para que haja sua efetivação, coibindo atendimento meramente
formal ou esparso e diluído, garantindo aulas suficientes para
o desenvolvimento adequado de estudos e atividades desses
componentes, com a designação específica de professores qua-
lificados para tanto" (BRASIL, 2008). Assim, o Parecer 22/2008
e o novo texto do artigo 36 da LDB mostram a importância
do saber filosófico e sociológico para a formação integral do
cidadão ético e crítico.

O ensino dessas disciplinas deve ser capaz de oportunizar
aos estudantes o desenvolvimento de um pensamento orga-
nizado, sistemático, independente e crítico sobre questões
cotidianas, fenômenos existenciais e a presença do homem no
mundo. É importante notar que essas disciplinas devem ser
oferecidas aos estudantes de maneira adequada e com tempo
suficiente para o desenvolvimento dos estudos, pois proporcionam o processo de ensino e de aprendizagem necessários
ao exercício da cidadania, sobretudo quando o mundo contemporâneo gira em torno do desenvolvimento de competências e habilidades.

## 1.1 COMPETÊNCIAS E HABILIDADES NO ENSINO DE FILOSOFIA

De acordo com Perrenoud e outros (2008), competência é definida como a "capacidade de o sujeito mobilizar recursos visando a abordar e resolver uma situação complexa". Ainda segundo esses autores, há quatro partes importantes: ser capaz de, mobilizar no sentido de, mover força interior para e usar recursos. Essas partes devem sempre lidar com situações, por vezes, complexas. Logo, competência é uma capacidade. A habilidade, por sua vez, é o domínio que vem com a prática da competência, podendo ser compreendida como fruto da competência. Por exemplo, muitos têm competência para jogar futebol, mas nem todos têm a habilidade de grandes craques, como Pelé e Rivelino.

O texto de *Orientações Curriculares para o Ensino Médio*, área de Ciências Humanas e suas Tecnologias, prevê as competências e habilidades para o componente de Filosofia. São elas:

1º) **Representação e comunicação:**

• *ler textos filosóficos de modo significativo;*

• *ler de modo filosófico textos de diferentes estruturas e registros;*

• *elaborar por escrito o que foi apropriado de modo reflexivo;*

• *debater, tomando uma posição, defendendo-a argumentativamente e mudando de posição em face de argumentos mais consistentes.*

2º) **Investigação e compreensão:**

• *articular conhecimentos filosóficos e diferentes conteúdos e modos discursivos nas ciências naturais e humanas, nas artes e em outras produções culturais.*

3º) **Contextualização sociocultural:**

• *contextualizar conhecimentos filosóficos, tanto no plano de sua origem específica quanto em outros planos: o pessoal--biográfico; o entorno sociopolítico, histórico e cultural; o horizonte da sociedade científico-tecnológica (BRASIL, 2006, p. 33-34, grifos nossos).*

Os destaques em negrito podem ser entendidos como competência e os subitens, como habilidades. Vale retomar que competência é capacidade, ou seja, é genérica; habilidade é saber fazer, isto é, prática e específica.

Dentro desse quadro de competências e habilidades dos PCN para o ensino da filosofia, Lorieri (2002) elucida três importantes habilidades a desenvolver:

1. Habilidades de investigação: observar atenciosamente; formular questões pertinentes; formular hipóteses; buscar comprovações e praticar a autocorreção.

2. Habilidades de raciocínio: estabelecer relações coerentes entre ideias e entre juízos; inferir, isto é, "tirar" conclusões.

3. Habilidades de formação de conceitos: explicar o significado dos termos; analisar elementos que compõem um conceito; buscar significados de palavras em fontes como dicionários; definir a partir de características fundamentais ou essenciais.

Na elaboração dos capítulos deste livro, procuramos focar o desenvolvimento das três habilidades citadas. A habilidade de investigação, por exemplo, está impregnada nos capítulos, nas propostas de intervenção e de práticas pedagógicas, nas leituras e análises de textos clássicos, filosóficos e não filosóficos, quesito no qual estão contempladas as habilidades de formação de conceitos. As pesquisas de diversas áreas do conhecimento são constituídas de conceitos. E as pesquisas e os estudos realizados pelos alunos no decorrer do Ensino Médio mostram conceitos como marcas desses estudos. As reflexões e análises de texto aqui propostas, bem como a criatividade do professor, trabalham a dimensão conceitual com os alunos, e isso exige entendimento dos raciocínios. As habilidades de raciocínio, por sua vez, permeiam o livro, sobretudo, no capítulo dedicado à lógica, que propõe desafios, enigmas e exercícios específicos. É importante que os alunos desenvolvam habilidades de raciocínio que servem à capacidade argumentativa.

## 1.2 DIDÁTICA E METODOLOGIA DO ESTUDO FILOSÓFICO

A metodologia da filosofia pode ser caracterizada como ato questionador da existência, da realidade e de si mesma. A metodologia do ensino de Filosofia é o próprio filosofar enquanto ato reflexivo, crítico e dialógico. Partir das problemáticas, dos desafios, das dúvidas ou até das certezas é o movimento natural da metodologia filosófica.

Nesse sentido, a disciplina de Filosofia deve ser um diálogo com os filósofos e não a repetição de ideias paradas na história, é importante saber da história da filosofia. No entanto, ao focar apenas isso, corre-se o risco de a aula tornar-se de história da filosofia e ser pautada em manuais, datas e transmissão de conceitos distantes da realidade do estudante. Desse modo, não se agrega o gosto pelo pensar e pela provocação que faz pensar, próprio do fazer filosófico. Daí a necessidade de o professor de Filosofia ser um filósofo, isto é, um pensador além de um técnico que aplica "estratégias didáticas idealizadas por especialistas para serem pregadas por qualquer um, em qualquer circunstância" (CERLETTI, 2009, p. 9). Por isso, este livro não é um manual, mas sim um espaço de reflexão e propostas.

Entendemos que as aulas de Filosofia não podem ser momentos para depositar conceitos na cabeça dos alunos. Só o filosofar é capaz de despertar nos alunos características próprias de uma atitude filosófica diante do mundo, da vida e de si mesmos. Isso pode ser feito por meio do uso de alguns verbos, como: espantar-se, admirar, ironizar, provocar, dialogar, instigar, pesquisar, analisar, criticar, sintetizar e sistematizar. Assim, o professor de Filosofia deve provocar os alunos a fazer com ele uma experiência viva de pensamento, no sentido de pensar o que se vive e viver segundo o que se pensa, buscando novas possibilidades de intervenção. Como provocador do pensar filosófico, o professor de Filosofia traz e cria problemas. Parece assustador, mas é lógico e produtivo no mundo em que vivemos, e eis o segredo da reflexão crítica promovida pela filosofia.

### 1.2.1 A reflexão crítica e a ética

Além dos três passos propostos anteriormente, é sumamente importante que as aulas de Filosofia levem os alunos a fazer reflexão, que é "pensar e repensar". Segundo Lorieri e Rios, "'Flexão' é a dobra, o 're' indica retorno do pensar. Flexão para trás: retorno do pensar sobre si mesmo para pensar melhor. Para examinar o já pensado numa primeira vez" (2004, p. 21).

Incentivar os alunos a refletir é promover o pensar por si mesmo, sair do pensamento fabricado; trata-se do enfrentamento das preconcepções e das suposições e da libertação das ilusões. Assim, a filosofia é um modo de libertar-se das ilusões, uma maneira de destruição das certezas que nos tornam fanáticos e de conscientização da massificação e da coisificação do ser humano. Ela impulsiona o homem a libertar-se das opiniões e dos achismos, das obrigações sem sentido, da preguiça e, por que não, do medo. É a reflexão crítica que traz maior e mais intensa conscientização, problematizando a realidade na qual estamos inseridos e nos fazendo enfrentar toda e qualquer problemática que se apresente.

Merleau-Ponty, em *Elogio da filosofia*, afirma: "a filosofia nos desperta para o que há de problemático em si na existência do mundo e na nossa, de tal modo que nunca deixamos de procurar uma solução no caderno do mestre" (1953, p. 37). Toda problematização parte da observação da realidade, seja do mundo ao nosso redor, seja da nossa existência pessoal e da tomada de consciência de algum problema. Fazemos isso por meio do "questionamento da pergunta" e instauramos uma análise para compreender "o porquê dos modos de ser da realidade" (GHEDIN, 2009, p. 57).

É difícil afirmar que grupo ou pensador das várias áreas da cultura e do conhecimento não tenha feito uma reflexão crítica. Por exemplo, os defensores do nazismo faziam reflexão crítica assim como Gandhi. No entanto, é necessário orientar essa reflexão pela ética, pois há riscos dela servir a objetivos antiéticos, o que seria um grave erro de consequências sem precedentes. O ponto de vista ético jamais pode ser esquecido. Somos éticos sempre que nos preocupamos com a qualidade da relação com o outro, em que medida nos importamos, consideramos e estabelecemos relações com as outras pessoas e quais critérios usamos para isso. A título de exemplo, podemos utilizar os valores democráticos da liberdade, da livre expressão, do exercício do diálogo e do bem comum.

### 1.2.2 Para compreender as filosofias

Para desenvolver o que se pede nos PCN que tratam de filosofia propondo a leitura de textos filosóficos ou entender a filosofia deste ou daquele filósofo, podemos seguir os passos propostos por Gonzáles Porta (2004):

1º passo: qual é o problema? (e dado que todo problema é formulado em uma pergunta, qual é a pergunta fundamental ou do filósofo?);

2º passo: qual é a solução ou a resposta? (ou seja, qual é a tese ou o conjunto de teses que ele propõe?);

3º passo: quais são os argumentos e fundamentos utilizados? (por que se escolhe uma resposta e não outra?).

## REFERÊNCIAS BIBLIOGRÁFICAS

BRASIL. Presidência da República. Lei nº 9.394, de 20 de dezembro de 1996. Estabelece as diretrizes e bases da educação nacional. **Diário Oficial da União**, Brasília, DF, 23 dez. 1996. Disponível em: <portal.mec.gov.br/arquivos/pdf/ldb.pdf>. Acesso em: 27 jun. 2015.

_____. Presidência da República. Casa Civil. Subchefia para Assuntos Jurídicos. Lei nº 11.684, de 2 de junho de 2008. Altera o art. 36 da Lei nº 9.394, de 20 de dezembro de 1996, que estabelece as diretrizes e bases da educação nacional, para incluir a Filosofia e a Sociologia como disciplinas obrigatórias nos currículos do ensino médio. **Diário Oficial da União**, Brasília, DF, 3 jun. 2008. Disponível em: <www.seduc.ro.gov.br/portal/legislacao/LEI11684_2008.pdf>. Acesso em: 27 jun. 2015.

_____. Ministério da Educação. Conselho Nacional de Educação. Consulta sobre a implementação das disciplinas Filosofia e Sociologia no currículo do Ensino Médio. Parecer normativo nº 22/2008, de 8 de outubro de 2008. **Diário Oficial da União**, Brasília, DF, 12 maio 2009. Disponível em: <portal.mec.gov.br/dmdocuments/pceb022_08.pdf>. Acesso em: 27 jun. 2015.

_____. Ministério da Educação. Secretaria de Educação Básica. **Orientações curriculares para o Ensino Médio**: ciências humanas e suas tecnologias. Brasília, DF, 2006, v. 3.

CERLETTI, Alejandro. **O ensino de Filosofia como problema filosófico**. Tradução Ingrid Müller Xavier. Belo Horizonte: Autêntica Editora, 2009.

COMTE-SPONVILLE, André. **Apresentação da filosofia**. Tradução de Eduardo Brandão. São Paulo: Martins Fontes, 2002.

GHEDIN, Evandro. **Ensino de Filosofia no Ensino Médio**. 2. ed. São Paulo: Cortez, 2009.

GONZÁLEZ PORTA, Mario Ariel. **A filosofia a partir de seus problemas**: didática e metodologia do estudo filosófico. 2. ed. São Paulo: Loyola, 2004.

LORIERI, Marcos Antônio. **Filosofia**: fundamentos e métodos. São Paulo: Cortez, 2002.

LORIERI, Marcos Antônio; RIOS, Terezinha Azerêdo. **Filosofia da escola**: o prazer da reflexão. São Paulo: Moderna, 2004.

MERLEAU-PONTY, Maurice. **Éloge de la philosophie et autres essais**. Paris: Gallimard, 1953.

MORETTO, Vasco Pedro. Educar para competências: o desafio do professor no novo contexto social. **Revista Explicando o ENEM**, São Paulo, p. 9-12, 2012.

PERRENOUD, Philippe et al. **As competências para ensinar no século XXI**: a formação dos professores e o desafio da avaliação. Tradução de Cláudia Schilling e Fátima Murad. Porto Alegre: Artmed, 2008.

# 2

# As origens da filosofia: um novo modo de pensar

O mito é aqui considerado o primeiro discurso sobre o mundo, na medida em que nos possibilita, por meio de um gesto de leitura, construir diferentes efeitos de sentido sobre nós mesmos e sobre o mundo. Nesse sentido, nossas reflexões neste capítulo sugerem que, no processo de leitura do mito, o professor mobilize os estudantes a colocar em prática, crítica e reflexivamente, sua imaginação, visando a uma leitura produtiva do mito e a um entendimento das representações de verdades em circulação no mundo.

## 2.1 OS MITOS: TENTATIVA DE COMPREENSÃO DO MUNDO

Ao abordar o mito com os estudantes, é interessante promover uma conversa motivadora, identificando o que trazem de conhecimento anterior sobre esse tema. Sabemos que, na atualidade, os mitos estão em destaque em muitos filmes, livros e peças teatrais. Nesse sentido, examiná-los como uma tentativa de compreensão do mundo torna-se muito instigador para os educandos.

Podemos iniciar o assunto por meio de questões reflexivas, como: o mito é verdade ou mentira? O que os mitos ensinam? Que mitos você conhece? Feita a motivação, é possível estudar de forma mais sistemática o assunto com foco nos mitos da Grécia antiga. Propomos os seguintes passos: leitura de uma narrativa mítica, conceituação do mito e o mito como saber nas tradições oral e escrita.

**Mito:** Os mitos estão presentes em diferentes culturas e têm o intuito de viabilizar e possibilitar a compreensão de fenômenos naturais e humanos. Por isso, são identificados como um conjunto de narrativas, cujos personagens – deuses, semideuses, heróis e seres imaginários – procuram explicar dúvidas humanas.

**Narrativa mítica:** "Antes de serem criados o mar, a terra e o céu, todas as coisas apresentavam um aspecto a que se dava o nome de Caos – uma informe e confusa massa, mero peso morto, no qual, contudo, jaziam latentes as sementes das coisas. A terra, o mar e o ar estavam todos misturados; assim, a terra não era sólida, o mar não era líquido e o ar não era transparente. Deus e a Natureza intervieram finalmente e puseram »»

»» fim a essa discórdia, separando a terra do mar e o céu de ambos. Sendo a parte ígnea a mais leve, espalhou-se e formou o firmamento; o ar colocou-se em seguida, no que diz respeito ao peso e ao lugar. A terra, sendo a mais pesada, ficou para baixo, e a água ocupou o ponto inferior, fazendo-a flutuar. Nesse ponto, um deus – não se sabe qual – tratou de empregar seus bons ofícios para arranjar e dispor as coisas na Terra. Determinou aos rios e lagos seus lugares, levantou montanhas, escavou vales, distribuiu os bosques, as fontes, os campos férteis e as áridas planícies, os peixes tomaram posse do mar, as aves, do ar e os quadrúpedes, da terra" (BULFINCH, 2002, p. 19).

**Tradição oral:** A tradição oral é transmitida de geração em geração. A transmissão oral dos mitos gregos é explicitada no início das obras *Ilíada* e *Odisseia*, em que se lê: "Canta, ó deusa, a cólera de Aquiles, o Pelida" (HOMERO, 2013, p. 109); "Fala-me, Musa, do homem astuto que tanto vagueou, depois que de Troia destruiu a cidadela sagrada" (HOMERO, 2011, p. 119).

**Tradição escrita:** A tradição escrita é fruto da necessidade de manter a história. A tradição grega da escrita é, sobremaneira, representada por dois grandes nomes: Homero e Hesíodo. Há muitas polêmicas sobre a existência ou não desses autores, mas, verdadeiros ou não, »»

A palavra *mythos* vem do grego. Segundo Gobry, significa: "doutrina religiosa figurada, transmitida por uma tradição anônima" (2007, p. 95). Nessa perspectiva, por foça do posicionamento religioso, a sociedade recorria aos mitos para compreender os fenômenos naturais e humanos. Eliade entende que o "mito conta uma história sagrada, quer dizer, um acontecimento primordial que teve lugar no começo do Tempo" (2001, p. 84-85). A abordagem de mito proposta por esse autor mostra que o conjunto das narrativas mitológicas, por estar no nível do sagrado, permite que o homem supere a si mesmo, assemelhe-se aos deuses e realize em sua vida atos sobre-humanos.

Vernant destaca que a cultura mítica grega era constituída de um panteão, formado por deuses múltiplos, que estavam no mundo e nasceram junto com mundo. Cabe a afirmação de que há algo de divino no mundo e de mundano nas divindades, não havendo separação entre natural e sobrenatural. Os deuses gregos não são personificações da natureza nem fenômenos naturais; o raio, a tempestade e os altos cumes não são Zeus, mas de Zeus. Isso faz da divindade uma potência, pois possui autoridade sobre uma pluralidade de fenômenos. Os deuses gregos estão ligados à vida da *pólis* (cidade) e, para Vernant, "uma vez que não há cidade sem deuses, os deuses cívicos, em contrapartida, precisam de cidades que os reconheçam, que os adotem e os façam seus" (2006, p. 10).

Com seus mitos, os gregos procuravam, entre outras coisas, explicar a origem do mundo, e isso era feito por meio da tradição oral e da tradição escrita. A tradição integra o campo da linguagem e, assim, revela-se como processo de comunicação. Ela se dá ao longo do tempo, à medida que comunica a história, os ritos, os mitos e as festas. Trata-se de um termo de origem latina, o verbo *tradere*, que é o ato de entregar, dar alguma coisa, transmitir conhecimentos. Na antiga tradição oral, era típico os poetas/ *aedos* invocarem o auxílio das musas para iniciar a narrativa mítica sob o canto das deusas. Com as citações desses seres, era possível identificar a profunda ligação existente entre a transmissão oral e, posteriormente, a escrita.

Para finalizar essa reflexão sobre a mitologia como possibilidade de compreensão do mundo, solicite aos alunos que pesquisem e apresentem diferentes mitos gregos (ou de outras culturas) e estabeleçam relações com as maneiras de entendimento do mundo e das angústias do homem. Assim, ficará claro aos educandos que os mitos são teogonias e cosmogonias e se caracterizam pela necessidade que o homem tem de obter respostas às dúvidas existenciais e aos fenômenos da natureza.

## 2.2 CONHECENDO O MUNDO PELA RAZÃO

Após trabalhar a mitologia como processo de compreensão, é pertinente discutir a continuidade do pensar humano. Algumas questões são interessantes, por exemplo: o que marcou a passagem das explicações mitológicas para as explicações lógicas e racionais? Explicar os fenômenos da natureza de outra maneira que não as convencionais propostas pelos mitos foi uma tarefa fácil? Todos aceitaram imediatamente o surgimento de novas formas de explicar os fenômenos?

O pensamento mítico gradualmente deu lugar a um modo de interpretação da realidade marcada pela racionalidade: a filosofia. Segundo Vernant, "se o advento da Filosofia, na Grécia, marca o declínio do pensamento mítico e o começo de um saber racional, podem ser fixados datas e o lugar de nascimento da razão grega" (2003, p. 109).

»» são pilares da manutenção da tradição oral para a escrita.

*Aedos*: São cantores, decifradores de enigmas, adivinhos e poetas que narram os feitos dos heróis, inspirados pelas musas.

**Figura 2.1** – *Tales.*

A partir do século VI a.C., nos principais centros da civilização grega, nas colônias da Ásia Menor, na Sicília e na Itália, surgiram os primeiros filósofos ocidentais que elaboraram explicações racionais sobre a realidade, sobretudo sobre a origem do mundo e da vida. É importante salientar a influência de outras nações e regiões no desenvolvimento da filosofia grega. O primeiro filósofo ocidental de que se tem notícia é

Tales de Mileto (c. 624-547 a.C.). Entretanto, o primeiro a utilizar a palavra "filosofia" foi Pitágoras de Samos (c. 570-496 a.C.). Conta-se que, quando Pitágoras fora chamado de sábio, argumentou que era apenas amigo da sabedoria, isto é, filósofo (*filo* significa "amigo" e *sofos*, que vem de *sofia*, "sabedoria"). O ofício ou a ocupação do filósofo, o que Tales fazia cinquenta anos antes de Pitágoras, era elaborar explicações racionais significativas, observar a natureza, perceber as relações de *causação* (causa e efeito), entendendo-as de modo a organizar *raciocínios coesos e coerentes* para formar *conceitos* que, por sua vez, possibilitavam a compreensão dos princípios ordenadores da realidade.

**Figura 2.2** – *Pitágoras.*

Vernant (2003) afirma que a filosofia, para resolver as aporias surgidas dos progressos de seus processos do saber, precisou forjar para si uma linguagem própria e elaborar conceitos responsáveis pelas representações mentais referentes a um conjunto de ideias, de pensamentos ou de características de objetos. Para esses primeiros filósofos, três conceitos são imprescindíveis: *arché*, *physis* e *kosmos*. O conceito de *arché* designa um ou mais princípios; *physis* refere-se a uma ou mais substâncias físicas presentes na natureza; *kosmos* diz respeito à totalidade do mundo, seja a natureza no planeta da Terra, seja a observada fora dela, como as estrelas, os planetas e os astros. Podemos dizer, em síntese, que a "explicação racional" dos primeiros filósofos consistia na compressão da realidade por meio de um ou mais princípios (*arché*), que correspondiam a substâncias físicas (*physis*) ou não físicas, imateriais, que sustentavam ou mantinham a ordem do universo (*kosmos*).

Para aprofundar e entender o que é a explicação racional, propomos a análise de fragmentos de dois filósofos: Heráclito de Éfeso (séculos VI-V a.C.) e Parmênides de Eleia (c.544-450 a.C.).

Para Heráclito:

*1 – Tudo flui[...]8 – Tudo se faz por contraste; da luta dos contrários nasce a mais bela harmonia.*

*[...]*

*10 – Correlações: completo e incompleto, concorde e discorde, harmonia e desarmonia, e de todas as coisas, um, e de um, todas as coisas.*

*[...]*

*49a – Descemos e não descemos nos mesmos rios; somos e não somos.*

*[...]*

*53 – A guerra é o pai de todas as coisas e de todas o rei; de uns fez deuses, de outros, homens; de uns, escravos, de outros, homens livres.*

*[...]*

*88 – Em nós, manifesta-se sempre uma e a mesma coisa: vida e morte, vigília e sono, juventude e velhice. Pois a mudança de um dá o outro reciprocamente.*

*[...]*

*90 – O fogo se transforma em todas as coisas e todas as coisas se transformam em fogo, assim como se trocam as mercadorias por ouro e o ouro por mercadorias (BORNHEIM, 1977, p. 36-41).*

Segundo Parmênides:

*3 – Pois pensar e ser é o mesmo.*

*[...]*

*6 – Necessário é dizer e pensar que só o ser é; pois o ser é, e o nada, ao contrário, nada é: afirmação que bem deves considerar. [...]*

*8 – Resta-nos ainda um único caminho: o ser é. Neste caminho há grande número de indícios: não sendo gerado, é também, imperecível; possui, com efeito, uma estrutura inteira, inabalável e sem meta; jamais foi nem será, pois é, no instante presente, todo inteiro, uno, contínuo. Que geração se lhe*

**Parmênides:** Tem-se notícia de que Parmênides pertenceu a uma família de posição social nobre, em Eleia, e que teve contato com a filosofia por meio de Xenófanes. Escreveu a obra *Da natureza*, um poema que versa sobre o caminho da verdade.

*poderia encontrar? Como, de onde cresceria? Não te permitirei dizer, nem pensar o seu crescer do não ser. Pois não é possível dizer nem pensar que o não ser é. Se viesse do nada, qual necessidade teria provocado seu surgimento mais cedo ou mais tarde? Assim pois, é necessário ser absolutamente ou não ser. [...] (BORNHEIM, [1972], p. 55).*

Os dois fragmentos citados são contrastantes. Em Heráclito, *arché* é a *mudança* (luta ou combate dos contrários) e a *physis*, o fogo, pois está em constante transformação. Para Parmênides, *arché* é o *ser* e não corresponde a uma *physis* específica, mas sim a algo captado apenas pelo pensamento e entendido sem a oscilação da mudança, isto é, sem a qualidade de não ser; ora é, ora deixar ser. Heráclito, ao afirmar a mudança-combate como princípio constitutivo da realidade, mostra a dificuldade de compreendê-la, pois quando a pensamos já não é mais a mesma. Parmênides, por sua vez, argumentaria que, se a mudança é o rei de todas as coisas, pensaríamos sobre o quê? Sobre o não ser? No entanto, nossa mente não é capaz de pensar o não ser, ou seja, aquilo que não existe como identidade que define o que é cada coisa. Só podemos pensar o que é, o que existe. Assim, o princípio, para Parmênides, é o ser. Heráclito questionaria a mudança perceptível na realidade. Eis a tarefa racional.

## 2.3 A SABEDORIA DE SÓCRATES: "SEI QUE NADA SEI"

Na nossa cultura ocidental, acreditamos que sabemos várias coisas e achamos que somos importantes por conta disso. Entretanto, o que significa saber alguma coisa? E como sabemos que sabemos? Questões como essas inquietavam um pensador chamado Sócrates.

**Sócrates:** Sócrates (c. 469-399 a.C.) nasceu e viveu em Atenas, no século de ouro da Grécia antiga, o século de Péricles. Era filho do escultor Sofrônico e da parteira Fenareta. Embora tenha se dedicado à profissão do pai, dizia-se herdeiro da profissão da mãe, pois dava à luz a ideias e conhecimento. Como autêntico grego, serviu o exército e lutou em algumas batalhas, ajudando os companheiros bravamente. Porém, sua vocação e missão estava nos diálogos que visavam edificar a alma. Ele o fazia impelido por Apolo, deus do Templo de Delfos, que, ao afirmar que ele era o homem mais sábio, o motivou a questionar os homens e auxiliá-los a pensar por si mesmos, sem cobrar-lhes dinheiro em troca.

*Figura 2.3 – Sócrates.*

A atividade de Sócrates consistia em questionar os homens para que os fizesse no que acreditavam, diziam e viviam. Sua mensagem era transmitida oralmente por meio do diálogo, o que evitava imposições a seus interlocutores, já que o diálogo era o motor do pensamento e da transformação das convicções e das acepções. Esses diálogos estão representados, talvez em sua maior exuberância, nas obras de Platão (427-347 a.C.), seu discípulo, que coloca Sócrates como personagem central de seus escritos. Isso dificulta estabelecer o que é pensamento de um e o que é pensamento do outro, pois Sócrates torna-se o porta-voz da filosofia de Platão. Em uma das obras escritas por Platão, intitulada *Defesa de Sócrates*, está um dos princípios do pensamento socrático: "O maior sábio dentre vós, homens, é quem, como Sócrates compreendeu que sua sabedoria é verdadeiramente desprovida do mínimo valor" (PLATÃO, 1987, p. 10).

**Figura 2.4** – A morte de Sócrates, *de Jacques-Louis David, 1787.*

O primeiro e fundamental princípio da sabedoria é saber que não sabe. Uma vez que nos reconhecemos ignorantes em determinado assunto, podemos buscar saber algo sobre ele. Saber que não sabemos também significa reconhecer nossa própria presunção, pois "a ignorância mais condenável não é essa de supor saber o que não sabe?" (PLATÃO, 1987, p. 15). Reconhecer a própria ignorância não é apenas o ponto de partida, é a consciência de que o mais sábio é aquele que não sabe, que busca pensar por si mesmo, com rigor e radicalidade. Pensar com rigor significa justificar as afirmações por meio de argumentos coesos e coerentes, nos quais as ideias não se anulem nem se contradigam, gerando,

*Defesa de Sócrates:* Sócrates foi acusado por Meleto, Ânito e Lícon de corromper a juventude e não reconhecer os deuses oficiais da cidade. Assim, eles pediram sua morte. Mesmo podendo fugir, Sócrates optou por defender-se diante do tribunal formado por 501 cidadãos. Na defesa, afirmou dirigir-se "sem cessar a cada um em particular, como um pai ou um irmão mais velho, para o persuadir a cuidar da virtude" (PLATÃO, 1987, p. 16), sem interesse pessoal e seguindo a vontade do deus. No entanto, 280 cidadãos votaram contra ele e o condenaram à morte. Sócrates foi sentenciado a tomar um cálice de cicuta, veneno que, ingerido em doses letárgicas, paralisava os órgãos lentamente, levando à morte. Ele cumpriu livremente sua sentença e até consolou seus discípulos, expondo a eles as últimas lições, já que não temia o desconhecido, a morte. Antes de sair do tribunal, comentou sobre os que o condenaram: "Agora, vamos partir, eu, condenado à morte; eles, condenados pela verdade a seu pecado e a seu crime. Eu aceito a pena imposta; eles igualmente" (Idem, p. 25).

assim, uma conclusão. Pensar com radicalidade é pensar de forma profunda, não superficial. Rompem-se, dessa maneira, os limites do senso comum e questiona-se suas concepções, estabelecendo os fundamentos desde a origem, a raiz. Pensar por si mesmo com rigor e radicalidade caracteriza a reflexão feita por Sócrates, como no exemplo a seguir, extraído da obra *Teeteto*, de Platão:

*VIII – Sócrates – Teeteto, procura explicar o que é conhecimento. Não me digas que não podes; querendo Deus e dando-te coragem, poderás.*

*Teeteto – Realmente, Sócrates, exortando-me como o fazes, fora vergonhoso não me esforçar para dizer com franqueza o que penso. Parece-me, pois, que quem sabe alguma coisa sente o que sabe. Assim, o que se me afigura neste momento é que conhecimento não é mais do que sensação.*

*Sócrates – Bela e corajosa resposta, menino. É assim que devemos externar o pensamento. Porém examinemos juntos se se trata, realmente, de um feto viável ou de simples aparência. Conhecimento, disseste, é sensação?*

*Teeteto – Sim.*

*Sócrates – Talvez tua definição de conhecimento tenha algum valor; é a definição de Protágoras; por outras palavras ele dizia a mesma coisa. Afirmava que o homem é a medida de todas as coisas, da existência das que existem e da não existência das que não existem. Decerto já leste isso?*

*Teeteto – Sim, mais de uma vez.*

*Sócrates – Não quererá ele, então, dizer que as coisas são para mim conforme me aparecem, como serão para ti segundo te aparecerem? Pois eu e tu somos homens.*

*Teeteto – É isso, precisamente, o que ele diz.*

*Sócrates – Ora, é de presumir que um sábio não fale aereamente. Acompanhemo-lo, pois. Por vezes não acontece, sob a ação do mesmo vento, um de nós sentir frio e o outro não? Um de leve, e o outro intensamente?*

*Teeteto – Exato.*

*Sócrates – Nesse caso, como diremos que seja o vento em si mesmo: frio ou não frio? Ou teremos de admitir com*

*Protágoras que ele é frio para o que sentiu arrepios e não o é para o outro?*

*Teeteto – Parece que sim.*

*Sócrates – Não é dessa maneira que ele aparece a um e a outro?*

*Teeteto – É.*

*Sócrates – Ora, este aparecer não é o mesmo que ser percebido?*

*Teeteto – Perfeitamente.*

*Sócrates – Logo, aparência e sensação se equivalem com relação ao calor e às coisas do mesmo gênero; tal como cada um as sente, é como elas talvez sejam para essa pessoa.*

*Teeteto – Talvez.*

*Sócrates – A sensação é sempre sensação do que existe, não podendo, pois, ser ilusória, visto ser conhecimento.*

*Teeteto – Parece que sim.*

*[...] XXIX – Sócrates – E se alguém te perguntasse: Com que o homem vê o branco e o preto e com que ouve o agudo e o grave? Penso que lhe responderias: Com os olhos e com os ouvidos. [...] Reflete um pouco, para dizer qual é a fórmula mais certa: vemos com os olhos, ou por meio dos olhos? E ouvimos com os ouvidos, ou por meio dos ouvidos?*

*Teeteto – Quer parecer-me, Sócrates, que é por meio dos órgãos, não com eles, que percebemos alguma coisa.*

*Sócrates – Seria absurdo, menino, se uma quantidade enorme de sensações estivesse apinhadas dentro de nós como num cavalo de pau, sem se relacionarem com uma única ideia, ou seja a alma ou como te aprouver denominá-la, ponto de convergência delas todas, por meio da qual, usada como instrumento, percebemos todo o sensível.*

*Teeteto – Essa explicação me parece mais certa do que a outra.*

*Sócrates – A razão de eu exigir em nosso diálogo tamanha precisão é sabermos se não há em nós um princípio, sempre o mesmo, com o qual, por meio dos olhos, atingimos o branco e o preto, e, por meio de outros e órgãos, outras qualidades, e se, interrogado, poderias relacionar tudo isso com o corpo.*

*Mas talvez seja melhor que a resposta parta de ti mesmo, em vez de eu formulá-la com tanto trabalho. Dize-me o seguinte: os órgãos por intermédio dos quais sentes o quente e o seco, o leve e o doce, tu os localizas no corpo ou noutra parte?*

*Teeteto – Em nada mais, se não for no próprio corpo.*

*Sócrates – E não quererás, também, admitir que tudo o que sentes por meio de uma faculdade não podes sentir por meio de outra? Assim, o que é percebido por meio dos olhos não o será pelos ouvidos, e o contrário: o que percebes pelo ouvido, não perceberás pelos olhos.*

*Teeteto – Como não hei de querer?*

*Sócrates – E no caso de conceberes, ao mesmo tempo, alguma coisa por meio desses dois sentidos, não poderás ter alcançado essa percepção comum nem só por meio de um nem por meio do outro. [...] E a respeito do som e da cor, não admites, inicialmente, que ambos existem?*

*Teeteto – É óbvio.*

*Sócrates – E também que cada um difere do outro, mas é igual a si mesmo?*

*Teeteto – Como não?*

*Sócrates – E que juntos são dois, e cada um em separado é apenas um?*

*Teeteto – Isso também.*

*Sócrates – E a semelhança ou dissemelhança entre eles, não és também capaz de investigar?*

*Teeteto – Talvez.*

*Sócrates – E por meio de que percebes tudo isso a respeito de ambos? Só por meio da vista ou só por meio do ouvido é que poderás apreender o que apresentam de comum. Aí vai uma outra prova, em reforço do que dissemos. Se fosse possível determinar até que ponto eles são ou não são salgados, saberias dizer-me por meio de que faculdade os examinarias? Não haveria de ser nem com a vista nem com o ouvido, porém com algo diferente.*

*Teeteto – Sem dúvida: a faculdade que tem por instrumento a língua.*

*Sócrates – Muito bem. Mas, por qual órgão se exerce a faculdade que te permite conhecer o que há de comum a todas as coisas e às de que nos ocupamos, para que de cada uma possas dizer que é ou não é, e tudo o mais acerca do que há pouco te interroguei? Para isso tudo, que órgão quererás admitir, por meio do qual perceberá as coisas o que em nós percebe?*

*Teeteto – Referes-te a ser e a não-ser, semelhança e dissemelhança, identidade e diferença, e também à unidade e aos mais números que se lhe aplicam. Evidentemente, tua pergunta abrange, outrossim, o par e o ímpar e tudo o mais que lhes vem no rastro, desejando tu saber por intermédio de que parte do corpo percebemos tudo isso com a alma.*

*Sócrates – Acompanhas-me admiravelmente bem, Teeteto; foi isso exatamente o que perguntei.*

*XXX – Sócrates – E em qual das duas classes pões o ser? Pois o ser ocorre em tudo.*

*Teeteto – Na das coisas que a alma procura atingir por si mesma.*

*Sócrates – Que também abrange o semelhante e o dissemelhante, o idêntico e o diferente?*

*Teeteto – Sim.*

*Sócrates – E isto agora: o belo e o feio, o bom e o mau?*

*Teeteto – No meu modo de pensar, é nessas noções, especialmente, que a alma examina o ser, comparando-as em suas relações recíprocas e com os fatos passados, presentes e futuros.*

*Sócrates – Pára aí. E não sentirá pelo tato a dureza do que é duro e a moleza do que é mole?*

*Teeteto – Sem dúvida.*

*Sócrates – E a essência e dualidade desses fatos, sua oposição recíproca, a essência dessa mesma oposição, não é nossa alma que, voltando a considerá-las e a confrontá-las, procura discernir?*

*Teeteto – Perfeitamente.*

*Sócrates – Logo, desde o nascimento, tanto os homens como os animais têm o poder de captar as impressões que atingem a alma por intermédio do corpo. Porém relacioná-las com a* essência e considerar a sua utilidade é o que só com tempo, trabalho e estudo conseguem os raros a quem é dada semelhante faculdade.

*Teeteto* – Perfeitamente.

*Sócrates* – E poderá; tingir a verdade de alguma coisa quem não alcançar a sua essência?

*Teeteto* – Nunca!

*Sócrates* – E do que não se alcança a verdade, poder-se-á ter conhecimento?

*Teeteto* – De que jeito, Sócrates?

*Sócrates* – Naquelas impressões, por conseguinte, não é que reside o conhecimento, mas no raciocínio a seu respeito; é o único caminho, ao que parece, para atingir a essência e a verdade; de outra forma é impossível.

*Teeteto* – Claro.

*Sócrates* – E darás o mesmo nome aos dois processos, já que é tão grande a diferença entre ambos?

*Teeteto* – Não fora justo.

*Sócrates* – Então, que nome dás ao primeiro, isto é, ao fato de ver, ouvir, cheirar e sentir frio ou calor?

*Teeteto* – O de sensação. Qual mais poderia ser?

*Sócrates* – A tudo isso dás o nome de sensação?

*Teeteto* – Forçosamente.

*Sócrates* – Ao que, conforme vimos, não é dado atingir a verdade, por isso mesmo que não nos conduz à essência. [...] Como não atinge o conhecimento.

*Teeteto* – Não, de fato.

*Sócrates* – Sendo assim, Teeteto, não poderão ser a mesma coisa sensação e conhecimento.

*Teeteto* – Parece mesmo que não, Sócrates. Patenteou-se-nos agora que conhecimento é diferente de sensação.

*Sócrates* – Porém o fim primacial de nossa análise não visava a determinar o que conhecimento não é, mas o que venha a ser. De qualquer forma, já avançamos o suficiente para não o procurar de jeito nenhum na sensação, porém no *nome que possa ter a alma quando se ocupa sozinha com o estudo do ser (PLATÃO, 2001, VIII: 151e – 152c, p. 49 – 50; XXIX – XXX: 184b – 187b, p. 98 – 103).*

Nesse diálogo, podemos observar o método socrático apresentado por Platão, chamado maiêutico, que é a arte de fazer um parto de ideias, de conhecimento. Antes, entretanto, é preciso destruir a opinião comum pela ironia, questionando de modo a conduzir o interlocutor a assumir sua ignorância. Feito isso, o diálogo é guiado por meio de questionamentos e analogias, que proporcionam a formação do conhecimento, isto é, a definição precisa do que é alguma coisa, a sabedoria de sua essência.

No diálogo citado, o objeto de reflexão é o conhecimento. Teeteto define, inicialmente, conhecimento como sensação, concepção colocada em xeque por meio de questionamentos graduais, de modo que se vê em erro de raciocínio (ironia). Ao mesmo tempo, os questionamentos e as comparações desvinculam a sensação de conhecimento, parindo (maiêutica) uma nova concepção ou, no caso, reconhecendo que aquilo que se entendia por conhecimento não o é. Além disso, a reflexão revela a alma como fonte do saber. E se o conhecimento vem pela alma, o mais importante para o ser humano é cuidar da sua; esse é o objetivo de todas as discussões socráticas.

Segundo Sócrates, "Outra coisa não faço senão andar por aí persuadindo-vos, moços e velhos, a não cuidar tão aferradamente do corpo e das riquezas, como de melhorar o mais possível a alma" (PLATÃO, 1987, p. 15). Cuidar da alma, a essência humana no modo pensar desse filósofo, significa questionar a vida que se leva, tanto o modo como é concebida como a maneira de viver, de agir. As crenças, os valores, os comportamentos e a conduta do cidadão (moral e política) precisam ser constantemente pensados, a fim de levar a melhor vida possível. De outro modo, não seria vida humana, pois a vida humana equivale à vida racional, consciente, que usa a capacidade reflexiva para guiar o viver.

## 2.4 A EPISTEMOLOGIA DE PLATÃO E ARISTÓTELES

Adotamos a perspectiva epistemológica com o objetivo de construir uma análise da evolução do pensar humano. Analisamos aqui a epistemologia e as epistemologias de Platão e de Aristóteles. Nesse sentido, temos dois modelos epistemológicos distintos: intuitivo e realista.

---

**Epistemologia:** Também conhecida como teoria do conhecimento, a relação epistemológica exige no mínimo dois termos: o sujeito e o objeto do conhecimento.

**Platão:** O nome verdadeiro de Platão era Aristócles, mas ficou conhecido pelo apelido que significa "de ombros largos". É provável que tenha nascido no ano de 427 a.C. Como discípulo de Sócrates, produziu várias obras em forma de diálogo, que se tornaram fundamentais para os estudos filosóficos. Dedicou parte de sua obra à epistemologia.

**Aristóteles:** Aristóteles nasceu em Estagira (hoje Stauros) no ano de 384 a.C. Tornou-se um dos grandes nomes da filosofia ocidental. Foi criado por um tio na cidade de Atarneu. Aos 17 ou 18 anos, ingressou na Academia de Platão, rapidamente ganhando os apelidos de "Inteligência da Escola" e "Leitor". Permaneceu por vinte anos na Academia, onde também foi professor. Saiu da Academia em 348 ou 347 a.C., após a morte de Platão. Em 343 a.C., tornou-se preceptor de Alexandre, filho de Felipe da Macedônia. Com a morte de Felipe, Alexandre assumiu a luta pelo poder e transformou-se em um grande conquistador. Aristóteles voltou a Atenas na intenção de assumir a Academia, fato que não se realizou. Assim, criou o Liceu, onde, »»

»» segundo a tradição, Aristóteles e seus discípulos discutiam os temas caminhando, daí vem a expressão "peripatéticos" (de *peripathos*, que significa passeio, em grego). Retirou-se em Eubeia, perto de onde nascera. Depois de um ano, doente e só, faleceu.

**Figura 2.5** – *Platão.*

**Figura 2.6** – *Aristóteles.*

A palavra epistemologia vem do grego *epistéme*, que quer dizer ciência, conhecimento do universal. Estuda a questão do conhecimento humano ou gnosiologia e suas problemáticas. São grandes questões da epistemologia, também chamada teoria do conhecimento: como conhecemos as coisas? De que modo caracterizar o conhecimento sensível e o conhecimento intelectual? Nosso conhecimento é intuitivo? Ele é analítico?

### 2.4.1 O modelo intuitivo: Platão

Platão pergunta quando a alma atingiria a verdade e, a essa questão, dá a seguinte resposta: "Temos dum lado que, quando ela deseja investigar com a ajuda do corpo qualquer questão que seja, o corpo, é claro, a engana radicalmente" (PLATÃO, 1979, 65b, p. 66).

Esse filósofo é conhecido por seu idealismo essencialista, que coloca o foco de sua filosofia no pensar, já que o idealismo entende que conhecemos as ideias e não as coisas. O que conhecemos, portanto, é o ser pensado, pois a ideia é ser. Desse modo, não conhecemos o que está fora do pensamento. Para Platão, o real é a ideia. Em sua teoria das ideias o conhecimento é um processo de reminiscência, ou seja, as ideias já foram contempladas pelas nossas almas preexistentes, antes de serem aprisionadas em nossos corpos pelo demiurgo (deus criador). Logo, conhecer é olhar para dentro de si e relembrar.

Ainda de acordo com o filósofo, as coisas sensíveis são sombras das ideias que servem para despertar as lembranças (reminiscência) do mundo das ideias. Percebemos isso a partir da citação tirada da obra *Fédon*:

> [...] ao percebermos uma coisa pela vista, pelo ouvido ou por qualquer outro sentido, essa coisa nos permite pensarmos num outro ser que tínhamos esquecido, e do qual se aproximava a primeira, quer ela lhe seja semelhante ou não. Por conseguinte, torno a repetir, de duas uma: ou nascemos com o conhecimento das ideias e este é um conhecimento que para todos nós dura a vida inteira – ou então, depois do nascimento, aqueles a quem dizemos que se instruem nada mais fazem do que recordar-se; e neste caso a instrução seria uma reminiscência (PLATÃO, 1979, 76a, p. 79).

A alma está encarcerada no corpo e só pode ter lembranças com o impacto das coisas sensíveis. O conhecimento das essências ocorre por meio de um recordar da visão intuitiva, que é a *anamnése*. Em suma, permanecer no plano das sensações é tornar impossível a construção de um conhecimento seguro e estável, ficando em um relativismo. Aprender não é outra coisa senão recordar para Platão (1979, 75e, p. 79).

Nesse ponto, é muito pertinente a leitura da alegoria da Caverna presente na obra *A República*. Trata-se de um diálogo entre Sócrates e Glauco, um dos irmãos mais novos de Platão. A seguir, reproduzimos uma adaptação da narrativa original, que está no capítulo VII do livro (514a1-517a8):

> Prisioneiros desde o nascimento, viviam acorrentados em uma caverna e passavam todo o tempo olhando para a parede do fundo, contemplando as sobras projetadas nela de coisas ilumi-

**Teoria das ideias:** Com a teoria das ideias, Platão pretende conciliar o "nada muda" de Parmênides e o "tudo muda" de Heráclito. Para isso, ele afirma a existência de dois mundos, sendo um perfeito – mundo das ideias – em que nada muda e outro imperfeito – mundo dos sentidos – que é nosso mundo corporal em que tudo muda.

**Almas:** A alma, peregrina neste mundo e prisioneira da caverna (corpo) que é o ser humano, deve transpor o mundo sensível e chegar à contemplação do inteligível (mundo perfeito).

**Corpos:** O corpo é entendido por Platão como um cárcere escuro e opaco, que esconde a beleza, o belo, o bem.

*nadas pela luz de uma fogueira. Um dos prisioneiros libertou-se das correntes para explorar o interior da caverna e o mundo externo. Entrou em contato com a realidade e percebeu que passou a vida enganado por sombras. Ficou encantado com os seres de verdade, a natureza, os animais e as outras coisas que encontrou. Voltou à caverna e passou todo o conhecimento adquirido fora dela para seus colegas ainda presos. Entretanto, foi ridicularizado ao contar tudo o que viu e sentiu, pois seus colegas só conseguiam acreditar na realidade que enxergavam na parede iluminada da caverna. Os prisioneiros o chamaram de louco, ameaçando-o de morte, caso não parasse de falar daquelas ideias consideradas absurdas. Por fim, ele é morto.*

### 2.4.2 Aristóteles e o modelo realista

Em sua epistemologia, Aristóteles partiu das coisas sensíveis, pois para ele as essências não estavam separadas do mundo sensível. Ele propôs, assim, a abstração (tirar algo da realidade sensível, a essência) como forma de conhecer. Entendendo que não há nada no intelecto que não tenha passado pelo sentido (tradução livre de *Nihil est in intellectu qui prius in sensu*), destaca que, na ausência de um dos sentidos, o conhecimento fica prejudicado, pois o sensível é o ponto de partida e a base do intelectual, que vai além dos limites da singularidade.

Faria (2006) salienta que Aristóteles estabelece certa hierarquia entre os tipos de conhecimento: sensações, conhecimento prático e ciência teórica. Em primeiro lugar, está a sensação, comum a homens e animais, que é acumulada na memória a partir da experiência (*empiria*); nesse sentido, apenas os dotados de memória são capazes de aprender. Em segundo lugar, temos o conhecimento prático que resulta da repetição de práticas; trata-se da arte (*tekné*). Por fim, está a ciência teórica (*epistéme*), que busca conhecer as causas, sem ter interesse condicionado à aplicação, e move-se apenas pelo interesse de entender o que a distingue da opinião (*doxa*), já que é capaz de demonstrar suas conclusões.

Aristóteles, na obra *Metafísica*, mostra que esse pensamento é estabelecido em torno das reflexões sobre o ser. "Ser" é um termo geral usado para designar aquilo que existe, move-se e refere-se "a uma unidade e a uma realidade determinada" (ARISTÓTELES, 2002, 1003a33-34). Isso quer dizer que a quantidade de seres é incalculável. No entanto, cada ser é determinado, e essa determinação é descrita por Aristóteles em dez categorias. Assim, cada ser possui dez categorizações, sendo que uma é a substância e as outras nove, os modos.

A substância é a essência, ou seja, aquilo que define o que é cada coisa, que lhe é imanente e sem ela não seria o que é, não seria único (ARISTÓTELES, 2002, 1017b10-20). Os nove modos são: quantidade, qualidade, relação (relativo a que), tempo (quando), lugar (que espaço ocupa), situação (maneira de estar), ação (o que faz), paixão (que sofre) e possessão (o que tem). Se soubermos identificar e descrever as dez categorias, podemos afirmar, em partes, que conhecemos este ou aquele ser. Todavia, nós apenas o identificamos, não sabemos quais são seus princípios (*arché*).

Ainda na *Metafísica*, Aristóteles aponta que princípio refere-se à geração, à origem, ao que deu início e identidade a este ou àquele ser, ou seja, sua causa (ARISTÓTELES, 2002, 1013a1-20). A causa de todo ser divide-se em quatro: formal (o que explica como uma matéria ganhou forma, a essência, aquilo que define e dá identidade), material (aquilo de que algo é feito, matéria--prima), eficiente (a fonte da existência, o que gerou) e final (o que dá a finalidade para existir). Identificando as categorias de cada ser e suas causas, podemos afirmar o conhecimento. A compreensão mediante categorias e causas é a análise, segunda parte da abstração aristotélica, que mostra o quanto a racionalidade pode ser precisa.

Tanto Platão como Aristóteles admitem que o ser humano, por sua inteligência e capacidade cognitiva, não só pode como deve, de fato, conhecer o ser da coisa. A diferença entre eles está na compreensão sobre o modo de conhecer. Para Platão, preso ao mundo sensível é impossível chegar ao conhecimento, pois ele tem um limite superável apenas pelo mundo inteligível. Isso faz de Platão um idealista. Aristóteles, por outro lado, afirma não haver nada no intelecto que não tenha passado pelos sentidos. Ele parte dos dados obtidos pelo sensível e visa elevar-se no conhecimento conceitual. Assim, procura uma síntese filosófica apoiada na experiência. Isso faz dele um realista moderado, já que admite que a alma pode conhecer a essência, o ser das coisas.

## 2.5 ESCOLAS HELENÍSTICAS

Após as grandes filosofias de Platão e Aristóteles, surgem cinco escolas filosóficas no período alexandrino ou helenístico, que compreendeu o intervalo de tempo entre o fim do século IV a.C. e o fim

Escolas: O termo "escola", no período helenístico, refere-se a um movimento que procura orientar racionalmente a vida das pessoas, fornecendo regras racionais universais.

do século I d.C. As escolas são: cinismo, epicurismo, estoicismo, ceticismo e neoplatonismo. Com exceção do neoplatonismo, elas têm o objetivo de conciliar natureza e agir racional, almejando uma filosofia capaz de incitar o estado de imperturbabilidade ou de tranquilidade da alma. Essas escolas seguiam uma tríade de reflexão: como é a natureza e o que podemos saber dela; como nos portar em relação à natureza; que consequências temos em nossa vida.

As duas escolas mais difundidas pelas pesquisas e editorações contemporâneas são o epicurismo e o estoicismo. O cinismo foi uma escola pontual no helenismo. Já o neoplatonismo serviu às teorizações cristãs posteriores ao período alexandrino. Aqui, optamos por estudar a escola cética, que pretendeu influenciar o pensamento da Academia de Platão após sua morte e colocou-se como contraponto das filosofias platônica e aristotélica e das escolas epicurista e estoica, as quais afirmam que é possível ao ser humano conhecer a realidade das coisas.

O fundador da escola cética foi Pirro de Élida (365-275 a.C.) e quem deu continuidade foi Tímon de Fliunte (325-235 a.C.). Vejamos o que Pirro diz sobre a síntese da escola cética:

> [...] não se pode saber nada; portanto, você não tem de decidir nada, pois você não sabe se quer o que é preciso preferir, já que no fundo você possui apenas impressões e convicções superficiais e efêmeras... se entender intimamente até que ponto isso é assim, você atingirá uma forma de serenidade. Ela o poupará de entrar no desfile infinito das opiniões e das buscas que são, todas elas, marcadas por incerteza, hesitação, ilusão e erro (PIRRO apud DROIT, 2012, p. 63).

Essa síntese é possível desde que se compreenda: (1) como as coisas são por natureza; (2) qual deve ser nossa disposição para com elas e (3) o que obtemos disso, comportando-nos de acordo com o entendimento sobre as coisas e a postura diante delas.

A primeira orientação, segundo o entendimento cético, aponta que as coisas não apresentam diferenças, estabilidade, discriminação. Desse modo, nossas sensações e opiniões podem ser tanto verdadeiras quanto falsas, ou o contrário. Nada é belo, feio, justo nem injusto por si mesmo; nada é conforme a verdade. As atitudes humanas se dão por convenção e por hábito. A capacidade humana de conhecer a essência das coisas é improvável. Assim, nesses termos, a verdade não é apreensível.

Como Fílon de Larissa afirmou, o conhecimento humano é aproximado e provável e necessita de uma atitude de investiga-

Escola cética: Cético, do grego *sképtomai*, significa considerar, inspecionar, examinar e refletir. Os adeptos do ceticismo se diziam *skeptikói*, que significa partidários da dúvida e da investigação (GOBRY, 2007, p. 130). Durante um século e meio, aproximadamente, do século III ao II a.C., a Academia platônica recebeu a influência do ceticismo pelas figuras de Arcesilau de Pitane (315-240 a.C.), Carnéades de Cirene (214-129 a.C.), Fílon de Larissa (154-84 a.C.) e Antíoco de Ascalão (120-69 a.C.), estes dois últimos são considerados ecléticos, um pouco distantes da raiz do ceticismo.

ção constante diante do que se quer conhecer. Possivelmente, só podemos conhecer o que aparece ou se mostra das coisas, isto é, o fenômeno, tal como pensava o último e mais famoso cético, Sexto Empírico (séculos II e III d.C.).

Dessa forma, nossa atitude diante das coisas deve ser de *epoché* (suspensão do juízo) e de *afasia* (falta de palavra). Isso significa que não se pode definir nem afirmar nada de absoluto. Essa atitude é necessária, uma vez que a natureza das coisas e da vida é indeterminada e, por isso, não podemos apreendê-la. Assim, o ideal do ceticismo pirrônico é viver a *apatia* (estar livre das paixões) e, por consequência, a *ataraxia* (imperturbabilidade da alma). Isso porque não adianta crer nas opiniões nem deixar-se levar pelas inclinações. Cada coisa "é não mais que não é" ou "é e não é" ou, ainda, "nem é nem não é" (REALE; ANTISIERI, 2003, p. 310).

A seguir, apresentamos os dez tropos ou argumentos que agrupam, metodicamente, a suspensão do juízo e a impossibilidade de afirmações absolutas.

1. diversidade dos animais: *a disposição dos órgãos sensoriais, os instintos e o modo de reprodução variam entre os animais, de maneira que a percepção do mundo circundante assim como os sentimentos de prazer e dor não podem ser únicos nem idênticos. Se as mesmas realidades suscitam representações diferentes, podemos dizer quais são as nossas, mas não o que é a realidade representada e por isso devemos suspender o juízo;*

2. diversidade humana: *os homens diferem entre si por sua conformação física, disposição fisiológica e estados interiores e por isso as mesmas coisas os afetam de maneiras muito diversas. Assim sendo, é preciso suspender o juízo sobre o que tais coisas são;*

3. diversidade dos sentidos: *[...] exemplo dessa diversidade, dizendo que "uma maçã é pálida para a vista, doce para o paladar, de perfume muito vivo para o olfato; uma mesma coisa é percebida de maneira diferente conforme a percebamos por diferentes espelhos e, portanto, ela não tem esta forma mais do que aquela". Cabe, pois suspender o juízo sobre ela;*

4. diversidade de condições: *não só os homens diferem entre si, mas um mesmo homem difere de si mesmo conforme suas disposições físicas e fisiológicas estejam em estado normal ou patológico, na vigília ou no sono, em movimento ou em repouso, afetadas de amor ou de ódio, prazer ou dor, sobriedade ou embriaguez etc. Essa diversidade determina discordâncias entre*

*suas representações, que por isso não podem permitir um juízo certo sobre as coisas representadas; é preciso suspender o juízo;*

5. diversidade de costumes, leis e crenças: *entre os povos e num mesmo povo variam e discordam os costumes, as leis e as crenças; não só isso, as discordâncias também existem entre as próprias crenças, as próprias leis, os próprios costumes e entre crenças e costumes, crenças e leis, costumes e leis. Nenhum deles, portanto, permite um juízo seguro ou certo; é preciso suspender o juízo;*

6. as misturas: *nossas percepções sofrem modificações em decorrência das condições exteriores que as afetam, sofrendo a ação do calor e do frio, da umidade e da secura, dos ventos e calmarias etc. Incessantemente modificadas, não podem conduzir a um juízo seguro e certo; é preciso suspender o juízo;*

7. diversidade espacial: *a percepção das coisas varia em função da posição, distância, e lugar em que se encontra o observador, de maneira que não podem levar a um juízo certo e seguro; é preciso suspender o juízo;*

8. diversidade quantitativa e qualitativa: *as coisas nos afetam de maneiras diversas e discordantes conforme variem a quantidade ou a qualidade de seus componentes. Por exemplo, um grão de areia é áspero ao toque, mas um monte de areia é suave ao tato; um remédio pode se transformar em veneno se ministrado em quantidade maior do que o corpo pode absorver. As representações nascidas da diversidade e discordância das qualidades e quantidades das coisas não permitem um juízo certo e seguro sobre suas substâncias; é preciso suspender o juízo;*

9. singularidade do acontecimento: *a avaliação das aparências ou fenômenos se realiza em função de sua frequência ou excepcionalidade; quando o acontecimento é excepcional, somos levados a interpretações fantasiosas e, em geral, amedrontadas. Por exemplo, estamos acostumados com o sol e ele não nos espanta, em contrapartida, um cometa é excepcional, provoca medo e é avaliado como um presságio divino. Assim como as diversidades anteriores impedem que a percepção do que é costumeiro levem a um juízo seguro, também a excepcionalidade ou raridade de um fenômeno exige a suspensão do juízo;*

10. a relação: *toda representação é duplamente relativa, pois é relativa àquele que julga e às coisas percebidas ao mesmo tempo, levando a distinções tais como o leve e o pesado, o forte e o fraco, o grande e o pequeno, o alto e o baixo (CHAUÍ, 2010, p. 323-325).*

Assim, uma coisa é pensada em relação à outra e "Ignoramos, portanto, o que uma coisa é em si porque só a conhecemos por sua relação com uma outra" (DIÓGENES DE LAÉRCIO apud CHAUÍ, 2010, p. 325).

## PARA FINALIZAR

Percebemos ao longo deste capítulo que, na trajetória da história do pensamento filosófico, o homem sempre se inquietou diante de fenômenos humanos e buscou respostas a suas inquietações. No movimento de compreensão de si e dos fenômenos existenciais, os seres humanos debruçaram-se sobre o mundo, interrogando-se e dando explicações, inclusive, sobre si mesmos.

A filosofia em sala de aula deve ser um momento de reflexão, no qual o professor, por meio de sua prática reflexiva, reflita sobre si mesmo, criando, a partir de sua experiência pessoal, uma metodologia que ajude o aluno a conhecer a si mesmo e relacionar-se melhor com os outros, de forma a otimizar seu agir sobre o mundo e nele. É importante que professor e estudante levantem questionamentos e busquem soluções, que devem estar direcionadas para além do bom senso.

## REFERÊNCIAS BIBLIOGRÁFICAS

ARISTÓTELES. **Metafísica**. Tradução de Giovanni Reale. São Paulo: Loyola, 2002.

BORNHEIM, Gerd A. (Org.). **Os filósofos pré-socráticos**. 3. ed. São Paulo: Cultrix, [1977].

BULFINCH, Thomas. **O livro de ouro da mitologia (a idade da fábula)**: histórias de deuses e heróis. Tradução de David Jardim Júnior. 26. ed. Rio de Janeiro: Ediouro, 2002.

CHAUÍ, Marilena. **Introdução à história da filosofia**: as escolas helenísticas. São Paulo: Companhia das Letras, 2010. v. 2.

DROIT, Roger-Pol. **Um passeio pela antiguidade**: na companhia de Sócrates, Epicuro, Sêneca e outros pensadores. Tradução de Nicolás Nyimi Campanário. Rio de Janeiro: Difel, 2012.

ELIADE, Mircea. **O sagrado e profano**: a essência das religiões. Tradução de Rogério Fernandes. São Paulo: Martins Fontes, 2001.

FARIA, Maria do Carmo Bettencourt de. **Aristóteles**: a plenitude como horizonte do ser. 2. ed. São Paulo: Moderna, 2006.

GOBRY, Ivan. **Vocabulário grego da filosofia.** Tradução de Ivone C. Benedetti. São Paulo: Martins Fontes, 2007.

HOMERO. **Ilíada**. Tradução de Frederico Lourenço. São Paulo: Companhia das Letras, 2013.

_____. **Odisseia**. Tradução de Frederico Lourenço. São Paulo: Companhia das Letras, 2011.

PLATÃO. **Diálogos**: Fédon; O Banquete; Sofista; Político. 2 ed. Tradução de José Cavalcante de Souza, Jorge Paleikat e João Cruz Costa. São Paulo: Abril Cultural, 1979.

_____. **Defesa de Sócrates**. Tradução de Jaime Bruna, Líbero Rangel Andrade, Gilda Maria Reale Strazynski. 4. ed. São Paulo: Nova Cultural, 1987. (Coleção Os Pensadores).

_____. **Diálogos**: Teeteto; Crátilo. 3 ed. Tradução de Carlos Alberto Nunes. Belém: UFPA, 2001.

REALE, Giovanni; ANTISIERI, Dario. **História da filosofia**: filosofia pagã antiga. Tradução de Ivo Storniolo. São Paulo: Paulus, 2003. v. 1.

VERNANT, Jean-Pierre. **Mito e religião na Grécia antiga**. Tradução de Joana Angélica D'Avila Melo. São Paulo: Martins Fontes, 2006.

_____. **As origens do pensamento grego**. Tradução de Ísis Borges B. da Fonseca. 13. ed. Rio de Janeiro: Difel, 2003.

## Sugestões de leitura

ABDALLA, Maurício. **Uma janela para a filosofia**. São Paulo: Paulus, 2004.

DROIT, Roger-Pol. **Um passeio pela antiguidade**: na companhia de Sócrates, Epicuro, Sêneca e outros pensadores. Tradução de Nicolás Nyimi Campanário. Rio de Janeiro: Difel, 2012.

HUISMAN, Denis. **Sócrates**. Tradução de Nicolás Nyimi Campanário. São Paulo: Loyola, 2006.

NICOLA, Ubaldo. **Antologia ilustrada de filosofia**: das origens à idade moderna. Tradução de Maria Margherita De Luca. São Paulo: Globo, 2005.

ORTEGA Y GASSET, José. **Que é filosofia?** Tradução de Luís Washington Vita. Rio de Janeiro: Livro Ibero-Americano, 1961.

RANDON, Maria Augusta Mantese. **Os deuses e seus enigmas**. São Paulo: DCL, 2003.

WATANABE, Lygia Araújo. **Platão, por mitos e hipóteses**. 2. ed. São Paulo: Moderna, 2006.

# 3

# Vivendo com lógica

Devemos destacar que a filosofia não pode ser estudada como estudamos matemática, biologia ou física, entre outras disciplinas. Quando estudamos essas disciplinas, temos em foco compreender os avanços apresentados por seus pesquisadores e entendê-los como uma contribuição para as áreas do conhecimento. Já quando tratamos de filosofia deparamos não com resultados concretos, mas sim com reflexões abertas sobre as quais, muitas vezes, não há consenso entre os estudiosos. Por isso, os procedimentos metodológicos para o ensino de filosofia devem ser diferentes daqueles da matemática, da biologia ou da física.

Os filósofos, ao longo da história, apresentam reflexões diversas para questões do mundo e do homem, por isso não faz sentido simplesmente compreendermos tais reflexões. É preciso debater, questionar, refutar, argumentar sobre as respostas, ou seja, faz-se necessário estabelecer um procedimento metodológico que valorize o raciocínio lógico em detrimento da mera compreensão dos fatos. Presume-se, então, que a lógica tenha um papel primordial no ensino de filosofia, pois procura nos incentivar a discutir e contestar as respostas dos filósofos, dando-nos liberdade para avaliá-las.

## 3.1 AS ORIGENS DA LÓGICA

A todo momento, temos oportunidade de usar lógica para tomar diversas decisões em variadas situações. Podemos decidir sem pensar, ou seja, sermos levados pela situação ou pelo calor do momento, pelas emoções. Também podemos pensar e entender qual a melhor coisa a ser feita, o que exige pensar logicamente.

A lógica é uma capacidade humana. Ela não se restringe à filosofia, embora seja um dos temas dessa disciplina no Ensino Médio. Comumente, a lógica é passada aos educandos apenas como um tema a mais, o que põe em risco seu sentido: ser uma valiosa ferramenta que auxilia na compreensão do mundo e na capacidade argumentativa. Para utilizar essa ferramenta, é necessário conhecer suas origens e seus elementos fundamentais para, assim, desenvolver o raciocínio, recorrendo a exercícios, testes, problemas e enigmas lógicos. Desse modo, é importante que o professor utilize exercícios e testes e guie a resolução de enigmas ou problemas lógicos.

### 3.1.1 A lógica com os antigos gregos

Na história do pensamento ocidental, o primeiro exemplo de exercício lógico é o diálogo. Quando abordamos a filosofia platônica, vimos um trecho do diálogo *Teeteto*, no qual Sócrates questiona os fundamentos das afirmações de Teeteto, destituindo-as de sentido para, assim, erigir novas concepções e chegar à verdade. Platão também propunha o uso da matemática como método para chegar à verdade, e essa escolha pode ser justificada pela capacidade de abstração e precisão dela.

Esse filósofo sugeriu, ainda, pesquisas de "aritmética, geometria plana, estereometria, astronomia e harmonia", pois auxiliavam a "extrair de pressupostos considerados válidos consequências necessárias, tendo consciência do rigor existente" (CATTANEI, 2005, p. 31-32). Mas o que isso significa? Podemos dizer que significa que a matemática é um instrumento que desenvolve a capacidade de pensar com regras, estabelecendo ligações entre elementos do pensamento e abrindo caminho para a formação de ideias.

Contudo, Platão não sistematizou seu método em uma obra específica, como o fez Aristóteles, que elaborou um instrumento propondo regras e estruturando o pensamento de forma precisa. Esse instrumento originou um conjunto de obras catalogado sob o nome *Organon*. Não se sabe ao certo se os primeiros filósofos tinham obras sobre lógica, pois vários escritos foram perdidos ao longo da história. O fato é que a base da lógica como um método com regras e procedimentos surgiu com Aristóteles. No *Organon*, ele explicou os princípios, as condições de possibilidade do raciocínio e as regras da argumentação, de modo que as conclusões do pensamento pudessem ser verdadeiras e válidas e todo o raciocínio tivesse coesão e coerência. A essa investigação, hoje, chamamos lógica.

Encontramos a definição clássica de lógica em Mortari, que aponta: "LÓGICA é a ciência que estuda princípios e métodos de inferência, tendo o objetivo principal de determinar em que condições certas coisas se seguem (são consequências), ou não, de outras" (2001, p. 2). Podemos explicar essa definição de outra forma: a lógica é a ciência do raciocínio correto ou que estuda o raciocínio correto para fundamentar conclusões verdadeiras e válidas.

»» No Brasil, o destaque entre estudiosos da lógica é o professor Newton da Costa, criador da lógica paraconsistente, do grupo das lógicas não clássicas ou contemporâneas. Na atualidade, a lógica mais usual, embora não percebamos, é a lógica simbólica, cujo uso é amplo nos sistemas de informação.

## 3.2 ELEMENTOS DA LÓGICA

Ao estudar lógica, é imprescindível ilustrar com exemplos e propor exercícios. A simples exposição de elementos torna a compreensão da lógica inócua. Para compreender como se pensa logicamente, é necessário conhecer os elementos que compõem a operação mental, bem como a expressão lógica, que pode ser oral e escrita.

No quadro a seguir, estão sintetizados os elementos da lógica:

| Operação Mental | Produto Mental | Expressão na linguagem |
|---|---|---|
| Apreender | Conceito | Termo |
| Julgar | Juízo | Proposição |
| Raciocinar | Raciocínio | Argumento |

### 3.2.1 Apreensão, conceito e termo

Apreendemos coisas e objetos na mente, formamos conceitos e expressamos termos, tudo de modo representativo. Apreender significa apropriar-se de algo que representa algum objeto. Por exemplo, vemos uma bola e, em nossa mente, instantaneamente, aparece "bola". Na apreensão, os objetos ou coisas não vão direto para a mente, pois ela tira do objeto sua identidade que é distinta de vários outros objetos e, por meio da reflexão, elabora o conceito que é uma representação intelectual, isto é, a junção de várias características em uma única palavra expressada (escrita ou oralmente) por um termo.

Exemplo:

- Conceito: pensar "bola".
- Termo: escrever ou dizer "bola".

O conceito abrange um conjunto de características e, dependendo do tipo, pode abarcar vários outros objetos em termos de quantidade, que aqui chamamos extensão. Além disso, há o grau de definição de um conceito, que nomeamos compreensão.

Exemplo:

- Animal: estende-se a todos os seres que se movem.
- Mamífero: engloba vários seres e compreende pouco o que é.
- Mulher: diz respeito a uma espécie de animal mamífero e compreende precisamente o que é.

Desse modo, temos a seguinte regra: quanto maior a extensão, menor a compreensão; quanto menor a extensão, maior a compreensão.

Para entender a abrangência do conceito, podemos usar a classificação de gênero e espécie da ciência do geral ao particular, como vemos no quadro a seguir.

| Animal | | | | |
|---|---|---|---|---|
| Vertebrados | | | | Invertebrados |
| Mamíferos | | Aves | Anfíbios | Polvo |
| Humanos | Bovinos | Rapina | | Minhoca |
| Mulher | Vaca | Falcão | | |
| Raquel | Mimosa | | | |

Outra possibilidade é o diagrama de Venn, da teoria dos conjuntos. Também podemos escrever utilizando letras e outros símbolos gráficos, como, por exemplo, a afirmação: "Toda maçã é fruta".

- Diagrama:

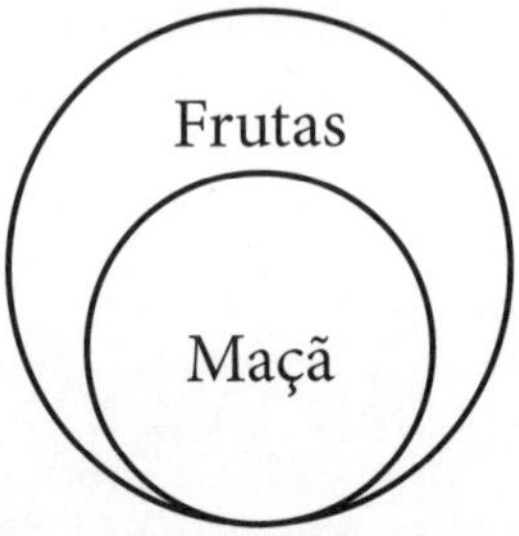

**Figura 3.1** – Diagrama de Venn.

**Venn:** John Venn (1834-1923) foi um matemático inglês que criou um diagrama para facilitar as relações de união e intersecção entre conjuntos.

**Teoria dos conjuntos:** Teoria dos conjuntos é um campo de estudos da matemática que pesquisa de que modo um objeto pertence a coleções de objetos. Modernamente, a teoria dos conjuntos foi iniciada por Georg Cantor (1845-1918) e Richard Dedekind (1831-1916), em 1870, matemáticos russo e alemão, respectivamente.

- Por símbolos gráficos:

F > M (O conjunto Fruta contém o conjunto Maçã.)

M < F (O conjunto Maçã está contido no conjunto Fruta.)

O termo é um instrumento de comunicação que convenientemente expressa o conceito. Pode ser dividido em categorimático, quando designa o que a coisa é (nome, verbo, sujeito e predicado), ou sincategorimático, quando modifica alguma coisa (pronomes indefinidos e advérbios, como todo, algum, depressa, facilmente).

A abrangência do termo sujeito pode ser universal, quando ela é total (Todos os alunos do 1º ano do Ensino Médio); particular, ao ser indefinida (Alguns alunos do 1º ano do Ensino Médio); e singular, quando é determinada (Estes alunos do 1º ano: Paulo e André). A abrangência do termo predicado, por sua vez, depende do verbo que o relaciona ao sujeito, podendo ser particular, ao apresentar predicado unido ao sujeito de maneira parcial (A blusa está sobre a cadeira), ou universal, quando o predicado está separado do sujeito de maneira total (A blusa não está sobre a cadeira).

### 3.2.2 Julgar, juízo e proposição

Julgar é o ato de atribuir ou não conceitos a outros conceitos, formulando juízos por meio de proposições.

Podemos dizer que elaboramos um juízo quando estabelecemos relações entre, no mínimo, dois conceitos. Essa relação se dá pelo verbo, como em "O homem é alto" ou "O homem não é alto". Existem juízos simples, quando há relação entre dois conceitos apenas (O avião é grande), e compostos, quando há mais de dois conceitos (O avião é grande e veloz).

O juízo é manifestado por meio de proposições, da mesma maneira que o conceito é demonstrado pelos termos. A proposição não é expressa apenas por uma frase, já que carrega a possibilidade de ser verdadeira ou falsa, o que não ocorre na frase. Na lógica que apresentamos neste capítulo, não consideramos como proposições os pedidos, as ordens e as interjeições.

Exemplo:

- Proposição: em "O mundo terminará em 2012", podemos entender como um acontecimento verdadeiro ou falso.

- Frase: em "O mundo terminará em 2012?", temos a possibilidade apenas na resposta.

A proposição pode ser simples, quando manifesta apenas um juízo (A árvore é alta), e composta, quando há mais de um juízo (A árvore é alta e florida). A proposição composta, por sua vez, pode ser claramente composta e ocultamente composta. A claramente composta usa conectivos e pode ser construída de três formas:

- copulativa: elementos ligados por "e", como em "Paulo era romano e Pedro, judeu".

- disjuntiva: elementos ligados por "ou", como em "Paulo era ateniense ou Pedro, judeu".

- condicional: elementos ligados por "se... então", como em "Se hoje é quarta, então é dia do meu rodízio".

Na proposição ocultamente composta, como o nome diz, nem sempre os elementos que ligam os juízos são percebidos porque estão embutidos. Essa proposição também pode ser construída de três maneiras:

- exclusiva: elementos ligados por "só" e "somente", como em "Só os alunos do sexo masculino foram aprovados".

- exceptiva: elementos ligados por "exceto" e "salvo", como em "Todos os alunos foram dispensados da aula, exceto os que não terminaram o exercício de lógica".

- reduplicativa: elementos ligados por "como tal" e "enquanto tal", como em "O Brasil, enquanto tal, é um gigante".

A extensão e a qualidade das proposições são apresentadas como no quadro a seguir:

| Número | Tipo | Extensão | Qualidade | Forma padrão |
|--------|------|----------|-----------|--------------|
| 1 | A | Universal | Afirmativa | Todo X é Y. |
| 2 | E | Universal | Negativa | Nenhum X é Y. |
| 3 | I | Particular | Afirmativa | Algum X é Y. |
| 4 | O | Particular | Negativa | Algum X não é Y. |

Exemplo:

Todo homem é careca. (A)

Nenhum homem é careca. (E)

Algum homem é careca. (I)

Algum homem não é careca. (O)

A junção dessas proposições em um mesmo raciocínio pode gerar classificações relacionadas à verdade ou à falsidade, formando um tipo de quadro de oposições, que podem ser:

- contrárias: não podem ser verdadeiras ao mesmo tempo, por exemplo, "A" e "E".

- subcontrárias: não podem ser falsas ao mesmo tempo.

- subalternas: a menor segue a maior em sua verdade; a maior segue a menor em sua falsidade.

- contraditórias: não podem ser verdadeiras ou falsas ao mesmo tempo.

## Exercícios

1. Construa cinco proposições simples e cinco proposições compostas.

2. Construa as seguintes proposições:

   a) proposição de sujeito e predicado com extensão universal.

   b) proposição com extensão universal, qualidade negativa e sujeito com extensão singular.

   c) proposição de sujeito com extensão particular e predicado com extensão universal.

3. Levando em conta a abrangência e a classificação das proposições, analise os itens a seguir e indique: extensão do sujeito, extensão do predicado, extensão da proposição, qualidade da proposição e tipo.

   a) Todos os não pilotos são não habilitados para pilotar.

   b) Alguns elementos que compõem o panorama econômico mundial não são adequados à realidade cristã.

   c) Dilma e Aécio foram candidatos às eleições de 2014.

   d) Nenhum indivíduo mentalmente saudável pode ser eximido de responsabilidade.

   e) Maria não é influenciada pelas ideias de João.

   f) Alguns dias do mês de agosto de 2014 foram extremamente frios.

   g) Nenhuma feminista não é machista.

Raciocínio: Existem três tipos de raciocínio: dedução, indução e analogia. A dedução é uma inferência em que se parte de situações ou regras gerais a casos particulares, um exemplo é silogismo, sobretudo, com as proposições do tipo "A" e "E". A indução é uma inferência que ocorre a partir de evidências parciais ou hipóteses, como indução integral ("ao examinar como vários tipos de peixes respiram, entende-se como é a respiração dos seres marinhos") e indução parcial ("Esta fruta, uma maçã, possui água, a laranja, a pera... logo, toda fruta possui água"). Já a analogia é um raciocínio baseado em características comuns; infere comparações de elementos semelhantes. É um tipo de raciocínio de probabilidade; por exemplo: "A água está para o peixe assim como o ar está para o homem".

Silogismo: Silogismos estão presentes na linguagem comum. Silogismo informe é quando não possui estrutura formal rigorosa, sendo sua linguagem mais ou menos lógica, tal como está em vários livros que lemos. Polissilogismos são vários silogismos conjuntos. Dilema, por sua vez, é quando as proposições levam a duas soluções formalmente incompatíveis e inconvenientes (KELLER; BASTOS, 2005, p. 96-108).

4. Considerando a extensão e a qualidade da proposição, encontre: extensão do sujeito, qualidade da proposição e tipo.

a) Marco Aurélio foi um dos primeiros imperadores de Roma.

b) Alguns congressistas não assinaram o requerimento para a instalação da CPI.

c) Todos os acusados são inocentes até terem sua culpa comprovada.

d) Nenhum objeto imaterial é dimensionável pela física.

e) Alguns tucanos são encontrados na Mata Atlântica.

f) Os pássaros são animais de sangue quente.

5. Construa dois exemplos de cada tipo: A, E, I e O.

### 3.2.3 Raciocinar

Trata-se do ato de estabelecer relação entre os juízos, com a finalidade de gerar conhecimentos novos, saindo do já conhecido em direção ao desconhecido. O raciocínio é uma ação mental que infere outra proposição partindo de uma ou mais proposições. Em sua forma mais simples, o raciocínio é denominado silogismo. No entanto, isso não significa que todo raciocínio possa ser reduzido a um silogismo, que se caracteriza por ser dedutivo, isto é, ir de regras universais a casos particulares. O silogismo possui três termos: médio (M), maior (T) e menor (t); e sua estrutura é composta de três proposições: duas premissas (elementos da relação) e uma conclusão (relação estabelecida).

Exemplo:

Premissa 1 (M + T): Todo homem é mortal.

Premissa 2 (t + M): Sócrates é homem.

Conclusão (t + T): Logo, Sócrates é mortal.

Temos:

1: M + T

2: t + M

C: t + T

Podemos destacar que o silogismo possui três princípios. O primeiro afirma que duas coisas ligadas a uma terceira estão ligadas entre si. Já o segundo aponta que tudo o que é afirmado de um sujeito é afirmado de tudo o que está contido nesse sujeito. O terceiro, por sua vez, indica que tudo o que é negado de um sujeito é negado de tudo o que está contido nele.

O silogismo apresenta oito regras. São elas:

1. Possui, no mínimo, três termos (termo maior, menor e médio).

2. Na conclusão, os termos nunca aparecem mais abrangentes que nas premissas.

3. Na conclusão, o termo médio jamais aparece.

4. Uma vez ou duas, o termo médio é universal.

5. Nada se conclui de duas premissas negativas.

6. De duas premissas negativas, não se segue conclusão negativa.

7. Nada resulta de duas particulares.

8. A conclusão segue a parte mais fraca (negativa ou particular).

No silogismo, também podemos apontar figuras e modos. A figura é o resultado da localização do termo médio nas premissas, como vemos nos exemplos a seguir:

Exemplo:

- SUB-PRE

1ª figura

$$M - T$$
$$\frac{t - M}{t - T}$$

> **SUB-PRE:** SUB – termo médio como sujeito; PRE – termo médio como predicado.

- PRE-PRE

2ª figura

$$T - M$$
$$\frac{t - M}{t - T}$$

- SUB-SUB

3ª figura

$$M - T$$
$$\frac{M - t}{t - T}$$

- PRE-SUB

4ª figura

$$T - M$$
$$\frac{M - t}{t - T}$$

Os modos são as possíveis combinações das proposições que formam o silogismo, segundo seu tipo.

| Premissa | Combinações possíveis | | | | | | | | | | |
|----------|---|---|---|---|---|---|---|---|---|---|---|
| Maior | A | A | A | A | A | A | E | E | E | I | O |
| Menor | A | A | E | E | I | O | A | A | I | A | E | A |
| Conclusão | A | I | E | O | I | O | E | O | O | I | O | O |

## Exercício

1. Verifique as oito regras nos argumentos a seguir. Coloque o número da regra e, em seguida, escreva se o argumento passa ou não pela regra.

a) Todo cachorro é mamífero.

Nenhuma ave é mamífera.

Logo, nenhuma ave é cachorro.

b) Todo aluno é estudioso.

Algum profissional liberal não é aluno.

Logo, algum profissional liberal não é estudioso.

## 3.3 TESTES LÓGICOS

### Teste A

Do centro da cidade ao interior, partem trens durante todo o dia. Eles percorrem os mesmos trilhos, sem parar e na mesma velocidade. O trem das 10 horas levou 80 minutos para fazer o percurso, porém, o trem das 12 horas levou 1 hora e 20 minutos. Por quê?

Resposta: 80 minutos é o mesmo que 1 hora e 20 minutos.

Testes lógicos: Os testes lógicos presentes neste livro têm como fonte os livros de Raymond Smullyan, *Alice no País dos Enigmas: incríveis problemas lógicos no País das Maravilhas,* e de Jeremy Stangroom, *O enigma de Einstein: desafios lógicos para exercitar sua mente e testar sua inteligência,* presentes nas referências deste capítulo.

## Teste B

Há dois patos na frente de um pato, dois patos atrás de um pato e um pato entre dois patos. Quantos patos há?

Resposta: Três patos.

## Teste C

Você possui oito livros. De quantas formas pode colocá-los da esquerda para a direita na prateleira?

Resposta: De 40.320 formas. Há oito possibilidades para o primeiro livro, sete para o segundo, e assim por diante: $8 \times 7 \times 6 \times 5 \times 4 \times 3 \times 2 \times 1 = 40.320$.

## Teste D

Você está em frente a duas portas. Atrás de uma está um dragão feroz; atrás da outra, um unicórnio que o levará a terras mágicas. Cada porta tem seu guarda; um deles sempre diz a verdade e o outro sempre mente. Você só pode fazer uma pergunta. O que deve e pode perguntar para saber em qual porta está o unicórnio?

Resposta: A qualquer um dos guardas, faça a seguinte pergunta: "O que o outro guarda diria se lhe perguntasse em qual porta está o unicórnio?". Independentemente da resposta, a porta do unicórnio será a outra. O guarda que fala a verdade dirá o que o mentiroso responderia, logo você vai saber qual porta é a do unicórnio. O guarda mentiroso mentirá a respeito do que o guarda verdadeiro diria e, assim, você saberá que aquela não é a porta certa.

## Teste E

Há duas crianças sentadas em um banco do parque, um menino e uma menina. "Sou menina", diz a criança de cabelos loiros. "Sou menino", diz a criança de cabelos negros. Pelo menos uma delas mente. Qual criança é a menina e qual é o menino?

Resposta: As duas crianças devem estar mentindo. Se fosse apenas uma a mentirosa, as duas seriam do mesmo sexo. O enunciado diz que há uma menina e um menino e, como as duas crianças estão mentindo, a criança loira é o menino e a criança de cabelos negros é a menina.

### Teste F

Um fazendeiro precisa atravessar um rio de barco. Ele tem uma galinha, uma raposa e um saco de grãos. O barco só tem espaço para levar um dos três por vez. Porém, o fazendeiro não pode deixar a galinha com os grãos porque ela os comerá nem a raposa com a galinha porque a raposa a comerá. Como ele pode atravessar todos em segurança?

Resposta: Ele deve levar a galinha primeiro e voltar para pegar a raposa. Ao chegar à outra margem, ele deixa a raposa e traz de volta a galinha. Depois, pega os grãos e deixa a galinha sozinha, voltando uma última vez para pegá-la. Assim, em nenhum momento a galinha fica sozinha com os grãos nem a raposa com a galinha.

**Enigmas:** Enigma é um tipo de jogo lógico solucionado mediante a decifração do problema, entendendo a ordem interna das razões que estão na base do enigma.

## 3.4 ENIGMAS LÓGICOS BASEADOS NA OBRA *ALICE NO PAÍS DAS MARAVILHAS*

### 3.4.1 A ordem das palavras altera o significado

No capítulo 7 do livro *Alice no País das Maravilhas*, chamado "Um chá de loucos", Alice diz: "Eu digo o que penso" e "Eu penso o que digo". Ela afirma que as duas expressões são a mesma coisa. O Chapeleiro contesta dizendo que não são a mesma coisa, pois isso seria o mesmo que dizer: "Vejo o que como" e "Como o que vejo". A Lebre de Março também dá um exemplo: "Gosto daquilo que tenho" e "Tenho aquilo de que gosto". Já o Dormidongo aponta: "Respiro quando durmo" e "Durmo quando respiro".

Resposta: A partir dessa opinião de Alice, podemos pensar com os alunos que sentido tem cada frase fazendo uma comparação entre elas. Vemos que o Chapeleiro, a Lebre de Março e o Dormidongo usam a analogia como tipo de raciocínio para questionar as afirmações de Alice. A frase "Eu digo o que penso" parece mostrar que Alice pensa antes de dizer ou só diz o que pensa. Já "Penso o que digo" demonstra que Alice reflete sobre os significados do que diz, geralmente, só depois de dizer.

### 3.4.2 O caso dos gêmeos

Certo dia, você encontra dois gêmeos idênticos. Um deles sempre mente e o outro sempre diz a verdade. Sabe que um deles se chama João, mas não sabe qual e gostaria de descobrir. Você tem direito a fazer uma pergunta a um deles, que pode ser respondida com sim ou não. E ainda: a pergunta pode ter apenas três palavras. Qual a pergunta?

Resposta: Pergunte a um deles: "João é verdadeiro?". Se a resposta for sim, ele será João. Se a resposta for não, João será o outro. Por quê? Com a resposta "sim", afirma-se que João é verdadeiro. Considerando essa afirmação verdadeira, João será realmente o que diz a verdade. Logo, se o falante diz a verdade, ele é João. Se a afirmação do falante for mentirosa, João não é verdadeiro. Desse modo, o falante estará mentindo e deverá ser João. Isto é, independentemente do que fale, será João. Com a resposta "não", afirma-se que João não é verdadeiro. Se isso for verdade, João é mentiroso. Logo, se a afirmação for mentirosa, João é verdadeiro. Nos dois casos, o falante não é João, mas sim o irmão. Portanto, a resposta "não" indica que o falante não é João. Outra possibilidade é perguntar "O João mente?". Nesse caso, a resposta "sim" indica que o falante não é João e a resposta "não" indica que o falante é João (SMULLYAN, 2000, p. 15-16).

### 3.4.3 O caso do julgamento

Havia três réus em um julgamento. Cada um dos três acusou um dos outros. O primeiro réu foi o único que disse a verdade. Se cada um dos réus houvesse acusado alguém diferente e não a si mesmo, o segundo réu teria sido o único a dizer a verdade. Qual dos três réus era culpado?

Resposta: "A" disse a verdade e acusou um dos outros, então, o culpado dever ser "B" ou "C". Logo, "A" é inocente. Se todos modificassem suas acusações, mas continuassem a acusar outra pessoa, "B" teria dito a verdade, e como sabemos que "A" é inocente, "B" teria acusado "C". Portanto, o culpado é "C" (SMULLYAN, 2000, p. 114).

### 3.4.4 O enigma dos loucos

O Gato de Cheshire disse que todos são loucos. Porém, se todos são loucos, não podemos confiar no que ele diz. A Duquesa afirma que metade das criaturas do País das Maravilhas é completamente louca; a outra metade é sã. Todas as crenças das criaturas loucas são erradas, e elas acreditam que tudo o que é verdadeiro é falso e acham que tudo o que é falso é verdadeiro. As pessoas sãs, pelo contrário, são totalmente corretas em suas crenças e sabem o que é verdadeiro e o que é falso.

A partir das informações dadas a seguir, devemos deduzir quem são as criaturas loucas e quem são as criaturas sãs.

1. Lagarta e Lagarto (Bill): A Lagarta acredita que ambos são loucos. Quem é louco e quem é são?

Resposta: Se a Lagarta fosse sã, seria falso ela e o Lagarto serem loucos, pois, sendo sã, a Lagarta não poderia acreditar nesse fato mentiroso. Assim, a Lagarta deve ser louca. Se é louca, sua crença é errada e não é verdade que ambos são loucos. Portanto, o Lagarto deve ser são e a Lagarta, louca.

2. Cozinheira e Gato: A Cozinheira crê que pelo menos um dos dois é louco. Quem é louco e quem é são? Eles são loucos ou sãos?

Resposta: Se a Cozinheira fosse louca, seria verdade que pelo menos um dos dois é louco, e teríamos uma pessoa louca sustentando uma crença verdadeira, o que não é possível. Portanto, a Cozinheira deve ser sã e sua crença, de que um dos dois é louco, deve ser verdadeira. Se não é a Cozinheira, só pode ser o Gato de Cheshire. O que isso faz com o enunciado? (SMULLYAN, 2000, p. 31-39).

## 3.5 RACIOCÍNIOS DE SHERLOCK HOLMES

### 3.5.1 O filme *Sherlock Holmes*

*Sherlock Holmes* é um filme lançado em 2009 (EUA/Alemanha), dirigido por Guy Ritchie e estrelado por Robert Downey Jr., Jude Law, Rachel McAdams, Mark Strong e Kelly Reilly.

Para trabalhar o filme com os alunos, é possível utilizar a cena do restaurante (cena 2), em que Holmes faz deduções a partir de observações sobre a noiva de Watson, e a cena em que um apartamento é averiguado (cena 11), quando Holmes e Watson reúnem evidências para formar suas deduções. É interessante apresentar outras cenas ou ver o filme completo com os alunos. Se for possível assistir ao filme completo, é salutar retomar algumas cenas em que a dedução ou a indução sejam claras.

O pano de fundo das histórias do detetive de Arthur Conan Doyle é a Era Vitoriana (1837-1901), quando a rainha Vitória reinou na Grã-Bretanha. Nesse período, a Inglaterra se tornou a principal nação industrializada da Europa, imperialista, e expandiu em território e riqueza. Foi a era do estudo da "filosofia natural" e da "história natural" como ciência, o que gerou a crença de que ciência, governo e indústria formavam uma interação para o progresso contínuo. Essa época também foi palco do reflorescimento da atividade religiosa e de práticas rituais entendidas como ocultistas.

### 3.5.2 Série *As aventuras de Sherlock Holmes*

Ao trabalhar a série em sala de aula, podemos ler algum caso de Sherlock Holmes que seja oportuno para entender a base fundamental de seu método: observação atenta, como Sherlock diz a Watson no episódio "Um escândalo na Boêmia": "Você vê, mas não observa. A distinção é clara".

Sobre filmes e séries de Sherlock Holmes há uma antiga produção da Granada Television, que tem um tom clássico e segue quase fielmente os textos de Conan Doyle. Toda a série está disponível no site YouTube. Recentemente, há uma moderna produção da BBC sobre o grande detetive Sherlock Holmes.

### 3.6 MÉTODO CARTESIANO PARA CONHECER OBJETOS OU ASSUNTOS DIVERSOS

Ao propor as quatro regras, que é um método para conhecer qualquer objeto, Descartes aponta a sequência lógica a seguir:

*Em lugar desse grande número de preceitos de que se compõe a lógica, achei que me seriam suficientes os quatro seguintes, uma vez que tornasse a firme e inalterável resolução de não deixar uma só vez de observá-los.*

*O primeiro era o de nunca aceitar algo como verdadeiro que eu não conhecesse claramente como tal; ou seja, de evitar cuidadosamente a pressa e a prevenção, e de nada fazer constar de meus juízos que não se apresentasse tão clara e distintamente a meu espírito que eu não tivesse motivo algum de duvidar dele.*

*O segundo, o de repartir cada uma das dificuldades que eu analisasse em tantas parcelas quantas fossem possíveis e necessárias a fim de melhor solucioná-las.*

*O terceiro, o de conduzir por ordem meus pensamentos, iniciando pelos objetos mais simples e mais fáceis de conhecer, para elevar-me, pouco a pouco, como galgando degraus, até o conhecimento dos mais compostos, e presumindo até mesmo uma ordem entre os que não se precedem naturalmente uns aos outros.*

Granada Television: Entre 1984 e 1994, a Granada Television fez um seriado (41 episódios das sessenta histórias) sobre Sherlock Holmes, de Arthur Conan Doyle. O ator Jeremy Breet interpretava Sherlock Holmes e David Burke era Dr. John Watson, depois substituído por Edward Hardwicke. Cada episódio tinha por volta de 54 minutos.

Sherlock Holmes: Desde 2010, existe uma nova série, criada por Steven Moffat e Mark Gatiss, produzida pela Hartswood Films para a BBC. O ator Benedict Cumberbatch é Sherlock Holmes e Martin Freeman faz o papel de Dr. John Watson.

*E o último, o de efetuar em toda parte relações metódicas tão completas e revisões tão gerais nas quais eu tivesse a certeza de nada omitir (DESCARTES, 2006, p. 21).*

Com os alunos, podemos pensar as facilidades de usar a lógica para entender diversas coisas, objetos e assuntos. Também podemos resolver problemas cotidianos com o método das quatro regras de Descartes:

- evidência: aceitar o que for claro e evidente, que não gera nenhuma dúvida;

- análise: dividir em quantas partes forem necessárias;

- síntese: ir do mais simples ao mais complexo;

- revisão: revisar todos os elementos considerados quantas vezes forem necessárias.

## 3.7 EXPERIMENTOS MENTAIS

Atualmente, a tradição anglo-estadunidense (Reino Unido e Estados Unidos) encabeça os estudos denominados experimentos mentais. Tais estudos tiveram início em 1897, quando o físico austríaco Ernst Mach propôs que seus alunos adotassem uma conduta imaginária, semelhante aos procedimentos de laboratório: experiência do pensamento (em alemão, *gedankenexperiment*). Esse método foi explorado por pensadores como Bertrand Russel, Ludwig Wittgenstein, Karl Popper e, sobretudo, pelo austríaco Rudolf Carnap, então professor na Universidade de Chicago (Estados Unidos). Carnap propôs que a ferramenta principal da filosofia deveria ser a lógica, e não mais a história da filosofia (DOMINGUES, 2009, p. 28-29).

Os experimentos mentais são uma forma de pensar diversos problemas da vida, que podem ser de origem epistemológica (a natureza do conhecimento), ética e moral ou científica (alcance das teorias científicas).

### 3.7.1 Filme *After the dark: the philosophers*

Conhecido como *The philosophers* (2013), esse é um filme de ficção científica, escrito e dirigido por John Huddles e protagonizado por Sophie Lowe, como Petra; James D'Arcy, como Sr. Zimit; Rhys Wakefield, como James; e Bonnie Wright, como Georgina. Na história, o sr. Zimit, um professor de Filosofia, propõe um desafio ou experimento mental: no último dia de aula, haverá um acidente nuclear que vai devastar a Terra; porém, existirá um abrigo subterrâneo equipado e com capacidade para dez pessoas. Como há vinte alunos, todos terão de escolher quem entra no abrigo e quem fica de fora.

Nesse experimento mental, o intuito é pensar logicamente para entender a relação entre escolha e consequência e como a decisão individual interfere na vida em grupo. O experimento é similar à dinâmica "Abrigo subterrâneo".

### 3.7.2 Experimentos mentais **em texto**

#### 3.7.2.1 Problema trolley

Um louco amarrou cinco pessoas inocentes a um trilho de trem. Um trem desgovernado vem na direção das pessoas. Felizmente, você pode puxar uma alavanca e desviar o trilho para outra faixa, mas o louco também amarrou uma pessoa nesse trilho. Considerando as circunstâncias, você deve puxar a alavanca?

Esse problema foi proposto pela filósofa Philippa Foot para criticar as principais teorias éticas, em particular, o utilitarismo, sistema que propõe que a decisão correta moralmente é aquela que gera o maior bem para o maior número de pessoas.

#### 3.7.2.2 A vaca no campo

Um fazendeiro está preocupado com sua vaca que se afastou da fazenda, quando o leiteiro vem à fazenda e diz ao fazendeiro que ele não deve se preocupar, pois viu que a vaca está em um campo próximo. Acreditando na afirmação do leiteiro, o agricultor vê a forma familiar preta e branca de sua vaca e se convence de que ele sabe que a vaca está lá. Mais tarde, o leiteiro vai ao campo vizinho para averiguar. A vaca realmente está lá, mas escondida em um bosque de árvores. No entanto, há também uma grande folha de papel preta e branca presa em uma árvore. E parece que o fazendeiro confundiu a folha com sua vaca. Apesar de a vaca estar no campo, o fazendeiro estava correto quando disse que sabia que ela estava lá?

Trata-se de um experimento criado por Edmund Gettier que visava criticar a definição popular de conhecimento como crença verdadeira justificada. Nessa crença, algo se torna conhecido quando alguém acredita, sendo factualmente verdadeiro e existindo uma verificável justificativa para sua crença.

**Experimentos mentais:** Os experimentos mentais têm como base o livro de Jeremy Stangroom, *O enigma de Einstein: desafios lógicos para exercitar sua mente e testar sua inteligência*, presente nas referências deste capítulo.

### 3.7.2.3 O navio de Teseu

O escritor Plutarco conta que Teseu possuía um navio com condições de navegar por centenas de anos, graças a constantes reparos e peças de reposição. Entretanto, à medida que ganhou novas peças e se apresentou todo reformado, foi levantado o seguinte questionamento: o produto final ainda é o mesmo navio de Teseu ou algo completamente novo e diferente? Se a resposta é não, em que ponto deixou de ser o mesmo navio?

Thomas Hobbes explorou esse problema. Ele perguntou: se alguém usar todas as peças velhas removidas do navio de Teseu para construir um novo navio, qual dos dois navios é o navio real de Teseu? Com o problema do navio de Teseu, podemos explorar a natureza da identidade, especificamente a questão de saber se os objetos são mais do que apenas a soma de suas partes. Um exemplo mais moderno é o de bandas de música que evoluíram ao longo dos anos, mas perderam alguns ou todos os seus membros originais.

### 3.7.2.4 O cérebro em uma cuba

Um cientista louco retirou o cérebro de seu corpo e colocou-o em uma cuba com um tipo especial de fluído de sustentação da vida. Eletrodos foram conectados ao cérebro, que por sua vez foram conectados a um computador que passou a gerar imagens e sensações. Uma vez que todas as informações sobre o mundo são filtradas pelo cérebro, esse computador tem a capacidade de simular sua experiência cotidiana. Se isso realmente fosse possível, como poderíamos saber qual é o mundo a sua volta e qual é a simulação de computador?

O filme *Matrix* foi influenciado pelo experimento mental do cérebro em uma cuba. Esse experimento foi difundido por Hilary Putnam com o intuito de questionar a natureza da experiência e considerar o que realmente significa ser humano. Descartes fez algo semelhante, no século XVII, quando, nas *Meditações sobre a filosofia primeira*, questionou se poderia realmente provar que todas as suas sensações eram realmente dele, e não apenas uma ilusão causada por um "gênio maligno". Como sabemos, mesmo que o gênio maligno quisesse enganá-lo, Descartes tinha plena certeza de que pensava e que, por isso, podia reconhecer sua existência ("Penso, logo existo").

### 3.7.3 Analisando argumentos de experimentos mentais: a queda dos corpos

Há um famoso experimento mental de Galileu Galilei (1564-1642) sobre a queda dos corpos, em sua obra *Diálogos*, escrita durante o período que ficou em prisão domiciliar, imposta pela Inquisição. Vejamos o texto de Galileu citado no livro *Os 100 argumentos da filosofia ocidental*:

Salviatti: *Se tomarmos dois corpos com velocidades naturais diferentes, é claro que, unindo os dois, o mais rápido será parcialmente retardado pelo mais lento, e o mais lento será acelerado pelo mais rápido. Você concorda com essa opinião?*

Simplício: *Não há dúvida nenhuma sobre isso.*

Salviatti: *Mas se isso for verdade e, se uma pedra grande se move com velocidade de, digamos, oito, enquanto uma pedra menor se move com a velocidade de quatro, quando elas se unirem, o sistema se moverá com uma velocidade inferior a oito. No entanto, as duas pedras amarradas formam uma pedra maior do que a que antes se movia com a velocidade oito; por essa razão, o corpo mais pesado agora se move com menos velocidade que o mais leve; um resultado contrário à sua suposição. Assim, você vê que, a partir do pressuposto de que o corpo mais pesado se move mais rápido do que o mais leve, posso inferir que o corpo mais pesado se move mais lentamente. [...] E assim, Simplício, devemos concluir que os corpos grandes e pequenos se movem com a mesma velocidade, contanto que tenham a mesma gravidade específica (BRUCE; BARBONE, 2013, p. 413).*

Desmontando os argumentos e colocando em forma de silogismo (P, para premissa; C para conclusão), temos:

P1: Se a bola leve cai mais lentamente do que a bola pesada, ela age como uma trava sobre o sistema combinado, fazendo-a cair mais lentamente do que a bola pesada sozinha.

P2: Porém, o sistema combinado *é* um objeto novo e ainda mais pesado, que cai mais rapidamente do que a bola pesada sozinha.

C1: A bola leve não cai mais lentamente.

P3: Se a bola leve não cai mais lentamente, todos os objetos caem na mesma velocidade, independentemente de seus respectivos pesos.

C2: A *única* solução lógica *é* que todos os objetos caem na mesma velocidade, independentemente de seus respectivos pesos (BRUCE; BARBONE, 2013, 414).

## REFERÊNCIAS BIBLIOGRÁFICAS

BRUCE, Michael; BARBONE, Steven. **Os 100 argumentos mais importantes da filosofia ocidental**: uma introdução concisa sobre lógica, ética, metafísica, filosofia da religião, ciência, linguagem, epistemologia e muito mais. Tradução de Ana Lucia da Rocha Franco. São Paulo: Editora Cultrix, 2013.

CATTANEI, Elisabetta. **Entes matemáticos e metafísica**: Platão, a Academia e Aristóteles em confronto. Tradução de Fernando S. Moreira. São Paulo: Loyola, 2005.

CONAN DOYLE, Arthur. **Sherlock Holmes**. Tradução de Maria Luíza X. de A. Borges. Rio de Janeiro: Jorge Zahar Editor, 2005. v. 1.

DESCARTES, René. **Discurso do método**. Tradução de Ciro Mioranza. São Paulo: Escala Educacional, 2006.

DOMINGUES, Ivan. **O continente e a ilha**: duas vias da filosofia contemporânea. São Paulo: Loyola, 2009.

JAPIASSÚ, Hilton; MARCONDES, Danilo. **Dicionário de filosofia**. 4. ed. Rio de Janeiro: Zahar, 2006.

KELLER, Vincent; BASTOS, Cleverson L. **Aprendendo lógica**. 14. ed. Petrópolis: Vozes, 2005.

MARCONDES, Danilo. **Dicionário de filosofia**. 4. ed. Rio de Janeiro: Zahar, 2006.

MORTARI, Cezar A. **Introdução à lógica**. São Paulo: Editora Unesp, 2001.

RODRIGUES, Abílio. **Lógica**. São Paulo: Martins Fontes, 2011.

SMULLYAN. Raymond. **Alice no país dos enigmas**: incríveis problemas lógicos no País das Maravilhas. Tradução de Vera Ribeiro. Rio de Janeiro: Jorge Zahar Editor, 2000.

STANGROOM, Jeremy. **O enigma de Einstein**: desafios lógicos para exercitar sua mente e testar sua inteligência. Tradução de Marcos Malvezzi Leal. São Paulo: Marco Zero: Nobel Franquias, 2012.

### Sugestões de filmes

Para auxiliar o trabalho com o tema deste capítulo, sugerimos os seguintes filmes: *O grande truque* (EUA, 2006); *O nome da rosa* (França/Itália/Alemanha, 1986); *Enigmas de um crime* (Reino Unido/França/Espanha, 2008); *Sherlock Holmes* (EUA/Alemanha, 2009), *Sherlock Holmes: o jogo de sombras* (EUA, 2011).

# 4

# O eu e o outro:
# refletindo sobre o agir

De acordo com Aristóteles: "Um homem incapaz de integrar-se numa comunidade, ou que seja autossuficiente a ponto de não ter necessidade de fazê-lo, não é parte de uma cidade, por ser um animal selvagem ou um deus" (ARISTÓTELES, 1997, p. 1253a). A partir dessa reflexão, podemos afirmar que a experiência efetiva da vida supõe que consideremos o homem em relação com o outro, isto é, integrado, inexoravelmente, à vida social. Embora seja um sujeito individual, singular e único, o homem é, por natureza, social, na medida em que se descobre no mundo como um ser que vive com o outro, fato que o impulsiona a agir sobre o outro e autoriza o outro a agir sobre ele.

Nessa perspectiva, viver no mundo significa não apenas ter uma atitude ética perante ele como também ter consciência de seu agir sobre o outro, em um processo contínuo de relações de convivência entre indivíduos e grupos sociais, na luta pela sobrevivência. Na verdade, quando o homem toma consciência de que vale à pena a convivência humana, ou seja, quando assume a incumbência de integrar-se à sociedade, adota um compromisso ético e moral deliberado consigo mesmo e com seus semelhantes.

Convém refletir, neste capítulo, que ao homem não basta apenas viver; é preciso viver racionalmente, fundamentado em valores éticos e morais.

## 4.1 ÉTICA E MORAL: MOBILIZAÇÃO E SENSIBILIZAÇÃO

A filosofia configura-se como pensar sobre o agir humano. Esse agir ganha significado quando ocorre em um grupo ou em

Moral: Segundo Vázquez, "Moral vem do latim *mos* ou *mores*, 'costume' ou 'costumes', no sentido de conjunto de normas ou regras adquiridas por hábito. A moral se refere, assim, ao comportamento adquirido ou modo de ser conquistado pelo homem. Ética vem do grego *ethos*, que significa analogamente 'modo de ser' ou 'caráter' enquanto forma de vida também adquirida ou conquistada pelo homem. Assim, portanto, originariamente, *ethos* e *mos*, 'caráter' e 'costume', assentam-se num modo de comportamento que não corresponde a uma disposição natural, mas que é adquirido ou conquistado por hábito. É precisamente esse caráter não natural da maneira de ser do homem que, na Antiguidade, lhe confere sua dimensão moral. Vemos, pois, que o significado etimológico de 'moral' e 'ética' não nos fornecem o significado atual dos dois termos, mas nos situam no terreno especificamente humano no qual se torna possível e se funda o comportamento moral: o humano como o adquirido ou conquistado pelo homem sobre o que há nele de pura natureza. O comportamento moral pertence somente ao homem na medida em que, sobre a sua própria natureza, cria esta segunda natureza, da qual faz parte a sua atividade moral" (2013, p. 24).

"Que país é esse", de Renato Russo. Letra da música: »»

uma relação entre o eu e o outro. Sendo a relação eu-outro conflituosa e dolorosa, mas também construtiva e prazerosa, torna-se objeto de análise. Essa análise é feita pela ética enquanto ciência que investiga a ação moral.

Para introduzir o tema e mobilizar os alunos, reflita a partir de eventos expressivos do agir humano e os tome como situação-problema. Um exemplo é o dos garis que encontraram ingressos para os jogos da Copa de 2014 e os devolveram. Por que eles devolveram? Você devolveria? Foi uma atitude ética? Outras perguntas pertinentes são: devo ou não fazer a lição de casa, mesmo sabendo que, se eu copiar do colega, o professor vai me dar o visto? Meu melhor amigo foi o responsável por quebrar a porta da sala e agora vai fazer o mesmo com as portas dos banheiros; o que eu faço: aviso a direção da escola e, assim, traio meu amigo ou fico na minha e não assumo a postura de denunciante? São problemas práticos que acarretam ora consequências individuais, ora sociais.

Outro modo de mobilizar os alunos com relação ao tema é por meio de músicas, vídeos, tirinhas ou charges. Apontamos a seguir algumas possibilidades de trabalho com esses recursos.

### 4.1.1 Usando música

Como sugestão, apresentamos a música "Que país é esse?", composta por Renato Russo, vocalista da banda Legião Urbana. Após ouvir e ler a letra com os alunos, sugerimos solicitar que destaquem as frases que mais chamaram a atenção e expliquem o motivo. Professor, sendo um momento de troca de interpretações, você tem um importante papel de mediador e provocador.

Após a análise dos alunos, destaque alguns pontos da música e faça pontes com a ética e a moral, como, por exemplo, apresentando o trecho: "Nas favelas, no senado / Sujeira pra todo lado / Ninguém respeita a constituição / Mas todos acreditam no futuro da nação". Neste ponto, podemos explorar a questão do descaso público que está presente não só nos líderes políticos como também no dia a dia da população: a falta de moral no cumprimento da Constituição leva à descrença. O trecho apresenta uma contradição entre o presente de descaso e o futuro da nação. A partir disso, podemos perguntar: mas que futuro? Será um futuro positivo ou um futuro como o presente de descaso?

Outro ponto interessante a ser abordado é a questão histórica que a música propõe, pois apresenta elementos do regime militar e da exploração da natureza. Por um lado, há ausência de liberdade; por outro, há ânsia exploratória das riquezas, chegando ao ponto se mencionar a venda das almas dos indígenas.

Para concluir essa reflexão, sugerimos solicitar aos alunos que tragam letras de músicas sobre assuntos relacionados à ética e à moral. Não há problema caso apresentem coisas que fujam da temática, pois, neste momento, a ideia é fazer com que pesquisem. Das músicas que apresentarem, escolha algumas ou todas e proponha um exercício de interpretação e relação com a ética e a moral. Esta é uma avaliação de caráter diagnóstico.

## 4.1.2 Usando vídeos

O uso de vídeos e imagens é muito importante nos processos de ensino e aprendizagem. Nesse sentido, a mobilização pode contar com o apoio de trechos de filmes, curtas ou até uma série de imagens. Trazemos como proposta a análise de dois vídeos: *Ilha das Flores* e *A Ilha*. Vale a pena visitar o site Porta Curtas e pesquisar mais vídeos.

O primeiro vídeo potencializa a discussão sobre a desigualdade social e a depreciação da condição humana, mostrando pessoas disputando alimento no lixão com porcos. Levante as questões: será possível falar sobre ética em uma sociedade em que pessoas são colocadas em uma condição abaixo dos animais? A falta de ética está ligada à má distribuição de renda?

O segundo vídeo aborda a saga de um náufrago inusitado, pois a história acontece em meio a uma avenida. Nesse processo de naufrágio, o indivíduo se dá conta da solidão e da negação como outro, pois é esquecido e não visto. Trata-se de uma ótima sátira do mundo contemporâneo, no qual os olhares são desviantes e o outro não é percebido. Logo, a ética parece não existir.

Ao trabalhar os dois vídeos, sugerimos uma avaliação escrita com o objetivo de promover, em grupos de até quatro alunos, a troca de impressões e a produção escrita do que compreenderam, de forma a identificar se expressaram os elementos dos vídeos e os relacionaram com as problemáticas sociais de exclusão e não percepção do outro. Os critérios avaliativos com base nos PCN são as habilidades de representação e comunicação, bem como as competências que dizem respeito a elaborar, por escrito, o que foi apropriado de modo reflexivo.

»» Nas favelas, no senado
Sujeira pra todo lado
Ninguém respeita a
constituição
Mas todos acreditam no
futuro da nação
Que país é esse? [Refrão]
No Amazonas, no Araguaia, na
Baixada fluminense
No Mato Grosso, Minas Gerais
e no Nordeste tudo em paz
Na morte eu descanso mas o
sangue anda solto
Manchando os papéis,
documentos fiéis
Ao descanso do patrão
Que país é esse? [Refrão]
Terceiro Mundo se for
Piada no exterior
Mas o Brasil vai ficar rico
Vamos faturar um milhão
Quando vendermos todas
as almas
Dos nossos índios num leilão.
Que país é esse? [Refrão]

*Ilha das Flores:* Documentário experimental de Jorge Furtado, de 1989, com duração de 13 minutos.

*A Ilha:* Animação de Alê Camargo, de 2008, com duração de 9 minutos.

Porta Curtas: Disponível em: <www.portacurtas.org.br>.

### 4.1.3 Usando tirinhas e charges

Dar risadas e entender tirinhas e charges é uma grande arte, pois demanda boa interpretação de imagens, textos e contextos. Trata-se de uma prática fundamental no processo pedagógico de ensino-aprendizagem. Prova disso é a grande quantidade de questões que se utilizam desses recursos. Nesse sentido, pode ser feito um trabalho com esses recursos destacando as temáticas, por exemplo, sobre ética e política.

### 4.2 ÉTICA E MORAL: CONSCIÊNCIA, LIBERDADE E ESCOLHA

Sendo a moral algo prático, cabe à ética a análise crítica das condutas humanas e, assim, identificar posturas e propor algumas perspectivas. Isso demanda uma análise sobre as escolhas livres e conscientes.

O fator pessoal (eu) é essencial enquanto capacidade de escolha. No entanto, o eu não pode ser separado do social (nós/outro). Uma decisão só pode receber valor quando infere na vida dos outros. A escolha e/ou decisão do eu se dá a partir de concessões sociais dentro de certa hierarquia moral. Recomendamos enfatizar com os alunos o fato de o ser humano sempre ter comportamentos morais distintos que se alteram de cultura para cultura e de tempos em tempos; destaque também que os homens, com as idas da história, passaram a pensar sobre o comportamento que tinham antes.

É possível refletir a partir do fato de haver diferentes punições aos mesmos crimes, dependendo da cultura e do lugar. Em alguns locais, um assaltante será preso; em outros terá a mão cortada como pena. A ideia é trazer algum exemplo que mostre a construção social e cultural da moral. Indicamos solicitar mais exemplos aos alunos e realizar um debate com toda a sala para perceber as posições de cada um, o modo como avaliam moralmente.

Depois, sugerimos usar a seguinte afirmação: "a moral é mutável e portanto pode ser entendida de acordo com o contexto histórico. A ética, como ciência da moral, não pode concebê-la como dada de uma vez para sempre, mas tem de considerá-la como um aspecto da realidade humana mutável com o tempo" (VÁSQUEZ, 2013, p. 37). Notamos, assim, que a moral muda de acordo com os cenários histórico-sociais em que se vive. Havia uma moral na sociedade escravagista diferente da moral da sociedade feudal que, por sua vez, era diferente da moral da sociedade burguesa, que era diferente da moral atual.

Por trás de toda moral há valores. Recomendamos perguntar aos alunos o que entendem por valor. Peça exemplos do que são valores na vida deles. Depois de ouvi-los, seria interessante apresentar a definição de valor, que, do latim *valore*, desde a Antiguidade, relaciona-se ao que é útil, bom e belo, ao que é melhor ou ao referencial de troca e importância entre bens duráveis ou perecíveis. O valor é aquilo que nos dá a sensação e a ideia de importância. Trata-se da relação de afetação que os homens mantêm com os objetos e com os próprios homens.

Na filosofia, os estoicos foram os primeiros a afirmar o valor como objeto de escolha moral. O valor moral é aquilo que fundamenta a relação dos homens em sociedade em determinada época. Cícero chamava valor tudo aquilo que é digno de escolha. Nesse sentido, pode ser encarado como a não diferença perante às coisas, em situações com os outros, o mundo e a natureza. Além disso, o valor é uma construção humana e histórica.

É preciso salientar que o valor está sempre ligado a dois aspectos. O primeiro diz respeito a uma característica das coisas, dos objetos e das situações. O segundo está ligado à nossa visão de mundo e da vida. O primeiro pode se identificar com o âmbito objetivo; o segundo, com o âmbito subjetivo. Podemos verificar isso quando comparamos qual tem mais valor: o bronze, a prata ou o ouro. O ouro possui características objetivamente mais duráveis que os outros dois metais e também foi instituído como valor máximo para definir o grau de riqueza que alguém pode possuir. Em tempos de crise ou de dólar em baixa, é possível comprar barras de ouro, pois estas não desvalorizam. Ouro é sempre ouro. No entanto, imaginemos que a água mineral se torne escassa para nossa ingestão. O que valerá mais: ouro ou água? Eis o caráter subjetivo, que depende do contexto histórico.

Nesse sentido, consciência moral e juízo de valor se postulam como importante base de reflexão. À medida que o homem em sociedade passa a trabalhar em grupos, surgem regras e obrigações com base naquilo que se considera útil e bom para o grupo. Isso é o que vai formar a moral do grupo, uma moral coletivista que sempre passa pelo crivo da consciência, que é um termo que pode ser empregado de duas maneiras. Temos a consciência enquanto ato de conhecimento ou reconhecimento de algo e a consciência moral, traduzida por expressões como "vou seguir a voz da consciência" e "a minha consciência me diz".

A consciência moral desenvolveu-se ao longo da história, também produto nascente da atividade prática e social. Apenas

Consciência moral: Para Vázquez, "A consciência moral somente pode existir sobre a base da consciência no primeiro sentido e como uma forma específica desta. Por isto, também acarreta uma compreensão de nossos atos, mas sob um ângulo específico, moral; mas, ao mesmo tempo, implica numa avaliação e num julgamento de nosso comportamento de acordo com as normas que ela conhece e reconhece como obrigatórias" (2013, p. 185).

na vivência social o indivíduo toma consciência daquilo que tem mais valor, do proibido ou do permitido. Compreender as obrigações morais e o porquê de cumpri-las, saber avaliá-las e reconhecer as consequências caracterizam elementos da consciência moral. Vale afirmar mais uma vez que "a consciência moral efetiva é sempre a consciência de um homem concreto individual, mas, por isto mesmo, de um homem que é essencialmente social" (VÁZQUEZ, 2013, p. 189).

## 4.3 A ÉTICA NA FILOSOFIA ANTIGA

O grande desafio das reflexões éticas é definir o que é bom, no sentido de orientar o agir moral do que devemos ou não fazer. Ao longo da história da filosofia, isso é experimentado por meio da análise das diversas correntes de pensamento ético, como, por exemplo, as de Sócrates, Platão e Aristóteles.

Na filosofia grega antiga, no contexto da democratização e da vida política, especificamente em Atenas, a ética tornou-se um objeto de atenção especial, com destaque às ideias dos três filósofos já citados. Antes de discorrer sobre a ética na óptica da filosofia, devemos apontar alguns de seus elementos antes do surgimento da filosofia. Entre os gregos antigos, a *areté* (virtude) era a expressão de bem moral, podendo ser apreendida nas narrativas mitológicas, nos poemas homéricos e, mais tarde, na própria filosofia. Observamos que os poemas homéricos versam sobre a ética de cunho aristocrático, caracterizada por preceitos morais pautados na condição dos *aristos* (os melhores, valorosos, bons) de procedência e possuidores de qualidades divinas. Nessa perspectiva, a aristocracia (o conjunto dos melhores que detinham o poder) distinguia-se dos simples mortais.

O heroísmo é uma característica da virtude da aristocracia e a melhor forma de demonstrar esse heroísmo é por meio da guerra. Retrata-se isso na *Ilíada*, de Homero. O herói é aquele que busca o equilíbrio não se deixando tomar pela extravagância do prazer nem se abandonando à derrota pela dor. Em resumo, a aristocracia grega formada pelos *aristos* tinha sua ética como consequência da *areté*. Aos poucos, porém, a virtude heroica cedeu lugar à virtude cívica, pois a democracia (limitada) na Grécia mudou a condição da aristocracia, que não mais detentora do poder passou a responder a um regime de isonomia, no qual os ocupantes dos cargos políticos eram escolhidos por sorteio.

Sócrates apresentou como fundamental o saber a respeito do homem, sendo de suma importância o autoconhecimento.

"Conhece-te a ti mesmo" foi a expressão usada por Sócrates, bastante difundida. Esse conhecer no qual Sócrates acreditava é de cunho racional, isto é, o próprio homem deve pensar por si mesmo, buscando e construindo o conhecimento que vai conduzi-lo a uma vida virtuosa, de atitudes corretas, boas e justas. Bondade, conhecimento e felicidade se entrelaçam de forma que quem sabe o que é bom e justo não cai em atitudes imorais. A má atitude decorre da ignorância, ao passo que a boa advém pelo conhecimento. No entanto, o que determina se cada um conhece o que é verdadeiramente bom é a prática, ou seja, a atitude concreta em meio ao corpo social.

Platão, por sua vez, relacionou a ética com a vida política, pois partiu da vida na *pólis* como terreno da moral. É interessante destacar que só se deve debater a moral no contexto social. A ética platônica se dá a partir de suas teorias: a metafísica (dualismo entre os dois mundos) e a doutrina da alma tripartida (razão, vontade e ânimo). Assim, o ideal ético passa pela prática das virtudes, que significa buscar o mundo inteligível desenvolvendo cada parte da alma de acordo com suas virtudes específicas. Desse modo, a virtude da razão é a *prudência*, a da vontade é a *fortaleza* e a do ânimo, a *temperança*.

Para desenvolver o pensamento ético de Platão com os alunos, pode ser pertinente usar um trecho do Livro II da obra *A República*, em que se trata do anel de Giges. Diante da análise dessa história, podemos propor questões reflexivas para identificar o que Platão pretende com essa narrativa. Além disso, é possível propor que os alunos digam o que seriam capazes de fazer no anonimato. Cabe, ainda, relacionar com alguns protestos atuais em que os ativistas usam máscaras. Será isso correto? O que diz a lei? Até que ponto essa lei procede?

Platão, ao apresentar a história de Giges, enfatiza que diante do anonimato da ação não se distingue o homem justo do injusto, pois ambos tenderiam a agir como Giges. Assim, esse filósofo procura provar que não se é justo por escolha, mas sim por imposição. Demonstra também que a justiça não é um bem individual, pois sempre que julgamos poder ser injustos, não o deixamos de ser. Em linhas gerais, é possível levantar a seguinte questão: sendo capaz de ficar invisível, o que você seria capaz de fazer?

Aristóteles, como já vimos, embora discípulo de Platão, trilha outro caminho teórico também com relação à ética. Notamos que sua teoria perpassa a ideia da finalidade da vida humana, que é a felicidade (*eudaimonia*). Essa felicidade é alcançada pelo

**Anel de Giges:** Giges era um pastor a serviço do rei Lídia. Enquanto apascentava o rebanho, ocorreu uma grande tempestade e um terremoto, que formou no solo uma medonha abertura. Admirado com o que via, ele desceu pela abertura. Conta-se que, entre outras maravilhas, viu um cavalo de bronze, oco, com portinholas e, tendo passado a cabeça por uma delas, viu um homem aparentemente morto de estatura que ultrapassava a humana. O morto estava nu e tinha somente um anel de ouro na mão. Giges, então, pegou o anel e saiu. Ele colocou o anel o anel no dedo e, por acaso, girou-o de forma que a pedra ficou do lado de dentro de sua mão. Assim, ele tornou-se invisível. Com o poder da invisibilidade, ficou entre os pastores que seriam enviados até o rei. Foi ao palácio, sequestrou a rainha e atacou e matou o rei. Em seguida, apoderou-se do trono (adaptado de PLATÃO, 2007).

**Lei:** O artigo 5º, inciso IV, da Constituição Federal, de 1988, afirma: "é livre a manifestação do pensamento, sendo vedado o anonimato". Ainda sobre o anonimato e procurando fazer uso das novas tecnologias de informação e comunicação sociais, pode ser levantada a problemática do *Secret*. Trata-se de um aplicativo em que as pessoas podem contar segredos anonimamente, porém, isso possibilita que usuários aproveitem »»

»» a ausência de identificação para postar conteúdo pornográfico e indevido ou difamar outras pessoas. Professor, pode ser adequado perguntar aos alunos quem já usou o aplicativo e o que acharam.

uso da razão. Alcançar a virtude, segundo a teoria ética de Aristóteles, consiste na repetição que se torna hábito. O filósofo distingue duas classes de virtudes: as intelectuais ou dianoéticas (que operam na parte racional da alma) e as práticas ou éticas (que também usam racionalidade).

Sobretudo nas obras *Ética a Nicômaco* e *Ética a Eudemo*, Aristóteles pensa as virtudes práticas. Fundamentalmente, para ele, a virtude consiste em um meio-termo racional entre dois vícios. O quadro a seguir foi elaborado com base nessas duas obras do filósofo:

| VIRTUDES E VÍCIOS | | |
| --- | --- | --- |
| VÍCIOS (por deficiência) | VIRTUDES (justo meio) | VÍCIOS (por excesso) |
| Covardia | Coragem | Temeridade |
| Insensibilidade | Temperança | Libertinagem |
| Avareza | Liberalidade | Esbanjamento |
| Vileza | Magnificência | Vulgaridade |
| Modéstia | Respeito próprio | Vaidade |
| Indolência | Prudência | Ambição |
| Indiferença | Gentileza | Irascibilidade |
| Descrédito próprio | Magnanimidade | Orgulho |
| Rusticidade | Agudeza de espírito | Zombaria |
| Enfado | Amizade | Condescendência |
| Desavergonhado | Comedimento | Timidez |
| Malevolência | Justa indignação | Inveja |

Na visão de Aristóteles, ao nascermos, não sabemos o que é bom ou mau, justo ou injusto; não temos as noções de virtude. Porém, à medida que deparamos com exemplos de práticas virtuosas ou viciosas, de justiça ou injustiça, aprendemos a reconhecer as qualidades e consolidamos a compreensão do que é agir virtuosamente, do que é justo. Disso decorre a importância de conhecer personagens históricos que contribuíram para a consolidação de práticas morais.

Para finalizar esse assunto, sugerimos a elaboração de uma pesquisa sobre personagens éticos. Solicite aos alunos que busquem pessoas que foram exemplos de ética ao longo da história e façam uma exposição para a escola.

## 4.4 ÉTICA CRISTÃ

Neste item, tratamos da ética dentro da realidade de grande parte dos alunos que seguem algum ensinamento religioso, como o cristianismo. É possível realizar uma reflexão sobre a ética pela visão cristã. No entanto, antes de iniciar o assunto, é sempre positivo trabalhar a questão do respeito ao outro e às práticas ou não práticas religiosas.

Podemos tratar da ética cristã como uma ética da fé e do amor apresentando cartas de Paulo, inseridas na *Bíblia*, no Novo Testamento. Depois, é possível fazer as relações entre a perspectiva platônica assumida por Santo Agostinho (354-430) e a visão aristotélica presente em Santo Tomás de Aquino (1226-1274).

## 4.5 ÉTICA MODERNA (SÉC. XVI-XIX)

A ética no período moderno possui forte tendência antropocêntrica e tem seu auge com Immanuel Kant (1724-1804). São pontos importantes da ética na nessa época: a ciência moderna (Galileu e Newton); o desenvolvimento do capitalismo; as revoluções Inglesa, Americana e Francesa; a criação dos grandes Estados modernos, únicos e centralizados, exceto Alemanha e Itália. A ética moderna distinguiu razão e fé, natureza e Deus, Estado e Igreja, homem e Deus.

Na ética moderna, deu-se ao homem um valor pessoal – corpóreo e sensível. René Descartes (1596-1650) procurou basear a filosofia no homem, ainda que preso ao eu pensante abstrato. Com os iluministas e materialistas franceses do século XVIII, a filosofia fez papel de destruidora do (antigo) regime absolutista.

Na filosofia de Kant, encontramos a ética antropocêntrica, que entendia o homem como consciência moral. Esse filósofo apresentou seus pensamentos sobre ética nas obras *Fundamentação da metafísica dos costumes* (1784) e *Crítica*

**Perspectiva platônica:** Segundo a perspectiva platônica, "A purificação da alma, em Platão, e a sua ascensão libertadora até elevar-se à contemplação das ideias, transforma-se em Santo Agostinho na elevação ascética a Deus, que culmina no êxtase místico ou felicidade" (VÁZQUEZ, 2013, p. 280).

**Visão aristotélica:** Na visão aristotélica, "Deus, para Santo Tomás, é o bem objetivo ou fim supremo, cuja posse causa gozo ou felicidade, que é um bem subjetivo" (VÁZQUEZ, 2013, p. 280).

*da razão prática* (1788), anteriores à Revolução Francesa que Kant acompanhou com admiração. No quesito da moral, ele entendia o homem como sujeito moral ativo, aquele que se sentia responsável pelos seus atos e tinha consciência de seu dever. Para ele, era isso que mostrava a qualidade da liberdade humana.

Kant também compreendia, segundo Vazquez (2013, p. 284), que o único bom em si mesmo era a boa vontade e que a bondade da ação estava na vontade com que era feita. A boa vontade, portanto, era aquela que agia por respeito ao dever. Tratava-se de uma sujeição à lei moral. A vontade respondia ao imperativo categórico, que dizia que o homem deveria agir de modo que pudesse querer que o motivo que o havia levado a agir se tornasse uma lei universal. Logo, o homem não podia ser tomado meio, mas fim.

> *Kant – fiel ao seu antropocentrismo ético – empresta assim à moral o seu princípio mais alto, e o faz exatamente num mundo humano concreto no qual o homem, longe de ser um fim em si, é meio, instrumento ou objeto (mercadoria, por exemplo), e no qual, por outra parte, ainda não se verificam as condições reais, efetivas, para transformá-lo efetivamente em fim. Mas esta consciência de que não se deve ser tratado como meio, e sim como fim, tem um profundo conteúdo humanista, moral, e inspira hoje todos aqueles que desejam a realização desse princípio kantiano não já num mundo ideal, mas em nosso mundo real (VÁZQUEZ, 2013, p. 285).*

Assim, fica clara a ideia de uma ética moderna centrada no homem, descolada da questão teocêntrica.

## 4.6 ÉTICA CONTEMPORÂNEA

A ética contemporânea é marcada pelo vazio ético, o que remete ao fracasso, em certo sentido, das grandes narrativas modernas. Quando o homem depara com um niilismo, nasce a ética contemporânea.

Sugerimos uma experiência com os alunos. Pergunte: como se sentem quando seus projetos não dão certo? Os alunos, provavelmente, vão apontar suas frustrações, que podem ser relacionadas com a ética contemporânea e com as frustrações, por exemplo, da Revolução Francesa que, defensora da liberdade, igualdade e fraternidade, não tem seu objetivo alcançado e dá lugar a uma tirania monárquica e ao despotismo de Napoleão.

À medida que se dissolveram as ideologias, passaram a surgir formas contemporâneas de individualismo. Nesse individualismo, podemos encontrar o narcisismo e a explosão hedonista, características típicas de uma era de homens "vazios", isto é, sem grandes ideias sociais e éticas. Por isso, pensar a ética contemporânea demanda uma nova reflexão axiológica perpassando as novas tecnologias.

Nesse quadro, a ética contemporânea é um repensar a ética. Destacando ideias de alguns filósofos, recomendamos solicitar aos alunos que pesquisem sobre a vida e o pensamento ético de, por exemplo Søren Aabye Kierkegaard, Jean-Paul Sartre, Karl-Otto Apel, Jürgen Habermas, Hans Jonas, Emmanuel Lévinas, Enrique Dussel (filósofo latino-americano) e outros contemporâneos.

## REFERÊNCIAS BIBLIOGRÁFICAS

ARISTÓTELES. **Éthique à Eudème.** Tradução de Émile Lavielle. Paris: Pocket, 1999.

_____. **Metafísica (I e II); Ética a Nicômaco; Poética.** 2. ed. Tradução de Eudoro de Souza. São Paulo: Abril Cultural, 1984. (Coleção Os pensadores).

_____. **Política.** 3. ed. Tradução de Mário da Gama Kury. Brasília, DF: Ed. da UnB, 1997.

PLATÃO. **A República.** 3. ed. Tradução de Ciro Mioranza. São Paulo: Editora Escala, 2007.

RUSS, Jacqueline. **Pensamento ético contemporâneo.** Tradução de Constança Marcondes Cesar. São Paulo: Paulus, 1999.

SÁNCHEZ VÁZQUEZ, Adolfo. **Ética.** Tradução de João Dell'Anna. 35. ed. Rio de Janeiro: Civilização Brasileira, 2013.

### Sugestões de leitura

SÁNCHEZ VÁZQUEZ, Adolfo. **Ética.** Tradução de João Dell'Anna. 35. ed. Rio de Janeiro: Civilização Brasileira, 2013.

SAVATER, Fernando. **Ética para meu filho.** São Paulo: Martins Fontes, 1997.

# As relações de poder na sociedade

## 5.1 TÁTICAS E TÉCNICAS DO PODER

Dizem que quase todos os homens suportam adversidades. Porém, se desejamos pôr à prova o caráter de algum homem, devemos dar-lhe poder.

George Orwell, na obra *Revolução dos bichos*, narra, entre outras coisas, uma intensa disputa pelo poder. Um poder, aparentemente, natural de homens sobre bichos, mas também de bichos sobre homens e bichos sobre bichos.

A narrativa se passa na fazenda do Sr. Jones que, incapaz de administrá-la, explorava e maltratava seus animais. Estes, liderados pelo porco Major, decidem fazer uma revolução contra aqueles que consideram seus inimigos, aqueles que andam sobre duas pernas. Os animais se organizam e expulsam o Sr. Jones e sua esposa da fazenda, que passa a ser liderada pelos porcos, considerados os mais inteligentes dentre os animais.

Mesmo depois de falecido, os ensinamentos de Major, denominados animalismo, prevalecem, mas são deturpados. Os animais da fazenda ficam, então, entre as relações de poder das quais não podem esquivar-se. De um lado, o porco Bola de Neve tenta desdobrar os ensinamentos do mestre Major e atrair para si o poder da dominação sobre os outros animais. De outro lado, o porco Napoleão que, acompanhado pelo retórico porco Garganta, passa a convencer todos os animais de sua importância e de sua destreza para os "negócios". Assim, ele expulsa Bola de Neve da fazenda acusando-o de traidor. Daí por diante, sua liderança se

**Michel Foucault:** Paul-Michel Foucault (1926-1983), filho do cirurgião Paul Foucault e de Anna Malapert, nasceu em Poitiers, cidade localizada no centro-oeste da França. Foi filósofo e historiador, teórico social, filólogo e crítico literário, embora gostasse de ser chamado de arqueólogo. Para ele, é possível lutar contra a dominação representada por certos padrões de pensamento e comportamento, sendo, todavia, impossível escapar completamente a todas e quaisquer relações de poder.

equipara à daqueles que andam sobre duas pernas; seu governo é despótico e aniquila, cruelmente, os animais que se colocam contra seu posicionamento e suas regras.

Mas por que o poder se coloca como centralizado? Por que esse centro significa, em muitos casos, autoritarismo, manipulação e violência? Em uma aula de Filosofia, essas questões podem ser diluídas em um emaranhado de opiniões do senso comum. Contudo, precisamos fazer uma pergunta para instaurar o debate. Uma pergunta filosófica para começar. E se perguntássemos, como o fez Michel Foucault, quais são as técnicas e táticas do poder, em vez de tentarmos encontrá-lo apenas no outro? As questões podem ser exploradas em amplo debate em sala de aula, levando-nos a abordar, na interação com os alunos, algumas concepções mais comuns e outras mais sutis das relações de poder na sociedade.

## 5.2 RELAÇÕES DE PODER: MÍDIA E POLÍTICA

**Max Weber:** Max Weber (1864-1920) foi um importante sociólogo, jurista, historiador e economista alemão. É considerado um dos fundadores do estudo sociológico moderno. Seus estudos mais importantes estão nas áreas da sociologia da religião, sociologia política, administração pública (governo) e economia.

A ideia mais difundida de poder, talvez a mais concreta, está associada ao conceito de Max Weber que aponta que o poder significa a possibilidade de alguém impor suas vontades sobre outras pessoas. Esse tipo de poder pode ser verificado nas relações familiares ou por meio de instituições, como a escola e a igreja, e, de modo mais sutil, por meio das mídias e da política. Neste último caso, faz-se necessário dar especial atenção às práticas discursivas desses dispositivos enunciativos.

*Figura 5.1* – *Max Weber.*

Podemos trabalhar esse ponto observando a seguinte imagem:

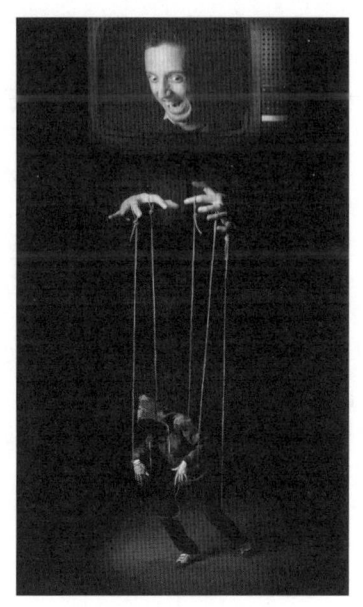

**Figura 5.2** – *Marionetes.*

Após a observação, podemos perguntar: por que pensar que somos conduzidos pelas mídias como marionetes e estamos sempre submetidos a sua ideologia? Da mesma forma, como compreender essa relação de poder vinculada à política? Afinal, somos livres ou não para decidir? Podemos, nesse caso, propor uma reflexão acerca do ponto de vista defendido por determinada instância midiática, pesando suas relações com o poder político.

Por exemplo, sugerimos levar para a sala de aula uma mesma notícia sobre eleições, retiradas de três jornais de grande circulação. Com os alunos, verifique se é possível identificar o posicionamento de cada jornal em relação a este ou àquele candidato ou, se refinarmos, a esta ou àquela ideologia. Quais seriam esses posicionamentos? Dessa forma, recomendamos abrir um amplo debate acerca das táticas de poder instauradas no e pelo jornal, perguntando se seriam as mesmas encontradas nas relações familiares, na escola ou na igreja.

Em conformidade com o meio empregado para a manifestação do poder, podemos, segundo Bobbio (2000), propor uma classificação, à qual acrescentamos o discurso como instância de materialização dessas manifestações. Logo, o poder econômico manifesta-se pelo discurso da riqueza; o poder ideológico manifesta-se pelo discurso do saber; o poder político manifesta-se pelo

Poder legítimo: Sobre poder legal: "No tipo do poder 'legal' inclui-se, naturalmente, não só a estrutura moderna do Estado e da comunidade, mas também a relação de domínio na empresa capitalista privada, numa associação de fins ou união de qualquer espécie, que dispõe de um numeroso corpo administrativo e hierarquicamente articulado" (WEBER, 2015, p. 3). Com relação ao poder tradicional: "Em virtude da fé na santidade dos ordenamentos e dos poderes senhoriais desde sempre presentes. O tipo mais puro é a dominação patriarcal. A associação de poder é a agremiação, o tipo de quem manda é o 'senhor', o corpo administrativo são 'servidores', os que obedecem são os 'súbditos'" (WEBER, 2015, p. 4). Sobre poder carismático: "Mediante a dedicação afetiva à pessoa do senhor e aos seus dons gratuitos (carisma), em especial: capacidades mágicas, revelações ou heroísmo, poder do espírito e do discurso. O eternamente novo, o fora do quotidiano, o nunca acontecido e a sujeição emocional são as fontes da rendição pessoal. Os tipos mais puros são a autoridade do profeta, do herói guerreiro, do grande demagogo" (WEBER, 2015, p. 9). O texto *Três tipos puros de poder legítimo* de Weber é um ensaio encontrado no espólio do autor, postumamente publicado por Marianne Weber nos *Preußischen Jahrbücher*, vol. CLXXXVII, em 1922, com o subtítulo *Um estudo sociológico*.

discurso da retórica e, em última instância, pelo uso da força. Evidentemente, essas manifestações de poder estão intrincadas e são levadas a cabo por diferentes agentes.

Conforme Toffler (1990), o poder tem como fontes básicas o músculo, o dinheiro e a inteligência, ou seja, a *força*, a *riqueza* e a *inteligência*, respectivamente. Na concepção desse autor, por sua possibilidade de refinar a realização da força e da riqueza, o conhecimento é a fonte de maior qualidade. Esses três pontos de intersecção ajudam-nos a complementar nossas reflexões acerca das táticas e das técnicas do poder, seja nas relações cotidianas, seja nas mídias ou no poder legítimo do Estado, de que falamos adiante.

Antes de discutir o poder legítimo, porém, seria produtivo fazer uma dinâmica em sala de aula com os alunos. Sugerimos dividir a classe em três grandes grupos. Um grupo representa a *força*, outro é o *conhecimento* e o terceiro, a *riqueza*. A tarefa dos grupos é, em conjunto, posicionar-se acerca de um problema de ordem social: a desocupação de uma área particular tomada por algumas famílias.

O desfecho é a ação de desapropriação, cena típica vista em jornais sendo realizada pela Polícia Militar, mas o objetivo é sugerir a possibilidade de outro desfecho. Logo, a tarefa do grupo do *conhecimento* consiste em propor aos grupos da *força* e da *riqueza* outras formas de solucionar esse complexo problema social. Os grupos da força e da riqueza, por sua vez, devem, por meio do discurso, defender a desapropriação imediata da área ocupada por meio de argumentos de ordem jurídica ou capitalista. Por exemplo, podem argumentar que uma ação jurídica determinou a imediata reintegração de posse do terreno ou alegar que se trata de propriedade privada, portanto, de um direito constituído e inalienável.

A princípio, professor, você pode mediar esse debate ou ampliá-lo para além de sua aula, propondo uma interação com outras disciplinas, como História e Sociologia.

Feito isso, caberia ao grupo do conhecimento propor soluções pacíficas para a situação posta. Pacíficas, porém exequíveis, considerando que procuramos outro desfecho para o caso descrito. Será que, nesse caso, o conhecimento seria a fonte de maior qualidade na base do poder, já esse conhecimento ou inteligência, em nossa prática, serviria para evitar o uso da força e a manutenção da riqueza? Nessa senda, já podemos discutir com nossos alunos alguns tipos de poder legítimo.

## 5.3 TRÊS TIPOS PUROS DE PODER WEBERIANOS

Segundo Weber, podemos acatar o poder por diferentes formas. Uma delas usa argumentos teleológico-racionais, que consideram as vantagens ou desvantagens em favor do obediente, ou seja, por meio de convenções sociais. De outra forma, também acatamos o poder pelo hábito ou pelo carisma daquele que manda. Contudo, apenas esses assentamentos não consolidam o poder legítimo.

Nas relações entre o Estado e os cidadãos, o poder *a priori* funda-se em razões jurídicas, pelas quais os argumentos teleológicos, o hábito e o carisma manifestam-se. Como vimos ao abordar o poder legítimo, há três tipos puros de poder de acordo com Weber: o poder legal estatutário, o poder tradicional e o poder carismático. Desses três, o mais sutil é, sem dúvida, o poder carismático. Por essa razão, propomos algumas reflexões acerca desse poder para discussão em aula. Por que o poder carismático merece nossa reflexão? Talvez porque seja constante nas outras formas puras de poder. Por exemplo, um juiz exerce o poder legal por este ser legítimo, bem como um patriarca exerce seu poder por sua dignidade ou por tradição. Eventualmente, o poder carismático pode ampliar o efeito de poder legal e/ou tradicionalmente constituído.

No entanto, o poder carismático tem suas nuances, suas táticas e suas técnicas. O homem público, por exemplo, pode exercer seu poder apenas pelo carisma, seja ele capitalista, político ou religioso. Contudo, esse exercício de poder causa efeitos semelhantes, ou seja, faz o outro seguir suas opiniões, seus conselhos, seus pedidos. As consequências, porém, são diferentes. Um capitalista carismático vende seu produto; um político ganha votos, apoio ou faz alianças; um religioso conquista e mantêm seus fiéis.

Imaginemos três personalidades, cada uma atuando em determinado campo social. O primeiro é um líder espiritual, o segundo representa um capitalista da área de tecnologia e o terceiro, um político. É certo que transitam por diversos meios e lugares; ademais, são muito conhecidos e carismáticos. Não obstante, estão fortemente ligados às relações políticas e são constantemente expostos pela grande mídia. Cada um deles defende uma opinião particular acerca do futuro da humanidade, como ela deve comportar-se, enfim, encontrar a felicidade. Não há nada de novo nisso, a não ser o fato desses pontos de vista postos em relação serem contrassensuais. Em outras palavras, suas visões de mundo são incompatíveis e absurdas se postas em relação, isto é, se pensarmos que falam do mesmo mundo.

Retornemos, então, à pergunta de Foucault (2012): quais são as técnicas e táticas do poder? Propomos uma discussão com os alunos para além dessa complexa tarefa enfrentada por esse filósofo francês. Assim, podemos acrescentar outra questão: como o poder carismático influencia a assunção da obediência?

## 5.4 PENSANDO COM FOUCAULT NAS AULAS DE FILOSOFIA

Em tempos atuais, o carisma, bastante estudado por estudiosos do discurso, revela-se estratégia discursiva na interação socioverbal. O locutor ante o interlocutor precisa encontrar mecanismos para que este possa aderir a determinado ponto de vista. O poder, assim, permeia, entrelaça, produz discurso por meio do qual é revelada a imagem de um herói, de um grande líder espiritual ou de um grande político. Não se trata apenas de um poder pela obediência pura, mas também pelo saber, pelo prazer, pelo entretenimento. Desse modo, o poder por meio de suas molas propulsoras leva-nos ao consumo, à adoração, à alienação etc. Para Foucault, "deve-se considerá-lo como uma rede produtiva que atravessa todo o corpo social muito mais do que uma instância negativa que tem por função reprimir" (FOUCAULT, 2012, p. 8). Então, é como rede produtiva que precisamos pensar o poder nos debates em sala de aula.

Em sociedades que anseiam pela democracia, a repressão tende a escamotear-se em meio ao discurso, lugar por excelência do poder carismático. Vejamos as seguintes notícias:

Dalai Lama: Disponível em: <oglobo.globo.com/sociedade/religiao/dalai-lama-diz-que-nao-precisa-de-sucessor-13861178>. Acesso em: 26 abr. 2016.

*Dalai Lama **diz que não precisa de sucessor***
*"Se houver um Dalai Lama fraco, isso só desonrará o Dalai Lama", afirmou líder espiritual em entrevista a jornal alemão*

***BERLIM*** *– Uma tradição de vários séculos no Tibete pode ter fim em breve. Em entrevista ao diário alemão "Welt am Sonntag", o Dalai Lama, de 79 anos, declarou que deve ser o último líder espiritual do budismo tibetano.*

*— Tivemos um Dalai Lama durante quase cinco séculos. Atualmente, o 14º Dalai Lama é muito popular. Vamos terminar com um Dalai Lama popular – disse à publicação alemã, acrescentando. – Se houver um Dalai Lama fraco, isso só desonrará o Dalai Lama.*

Dias depois dessas declarações, o governo chinês pronunciou-se da seguinte forma:

*China nega ao Dalai Lama o direito de decidir ser o último líder espiritual tibetano*

*[...]*

*A China acusou nesta quarta-feira o Dalai Lama de "pretender perverter a história" e destacou que ele não tem o direito de decidir acabar com a tradição de vários séculos de reencarnação dos líderes espirituais tibetanos.*

*"O título de Dalai Lama é conferido pelo governo central segundo uma história secular", disse Hua Chunying, porta-voz da diplomacia chinesa, antes de destacar que não corresponde ao atual e 14º Dalai Lama escolher se terá um sucessor ou não.*

*"A China mantém uma política de liberdade de crença e de culto, na qual estão o respeito e a proteção da transmissão do budismo", completou Hua, que acusou o vencedor do Prêmio Nobel da Paz de "intenções ocultas" que fragilizam a religião. [...]*

Último líder espiritual tibetano: Disponível em: <m.jc.ne10.uol.com.br/canal/mundo/internacional/noticia/2014/09/10/china-nega-ao-dalai-lama-o-direito-de-decidir-ser-o-ultimo-lider-espiritual-tibetano-144934.php>. Acesso em: 26 abr. 2016.

A partir dessas notícias, podemos sugerir aos alunos discutir os poderes weberianos: quais estão explícitos ou implícitos? Por que o líder espiritual se considera popular? Por que o governo chinês o acusa de intenções ocultas.

Contudo, em uma breve pesquisa, que pode ser feita na internet, devemos averiguar em que consiste o budismo tibetano, qual sua influência quanto à obediência. Além disso, podemos desenvolver uma pesquisa e reflexões com os alunos sobre o poder arraigado às religiões, à política e ao carisma.

Essa pode ser uma forma de se pensar o poder. Mas, pensar com Foucault significa pensar o poder para além das Constituições, da soberania e aparelhos do Estado, significa pensar o poder na sua concretude, na sua especificidade e, sobretudo, na sua complexidade, não só com personalidades do mundo, mas também com o cidadão comum no dia-a-dia de suas atividades, o poder intricado em toda relação social entre os indivíduos.

## REFERÊNCIAS BIBLIOGRÁFICAS

BOBBIO, Norberto. **A teoria das formas de governo**. Tradução de Sérgio Bath. Brasília, DF: UnB, 2000.

FOUCAULT, Michel. **Microfísica do poder**. São Paulo: Graal, 2012.

ORWELL, George. **A revolução dos bichos.** Tradução Heitor Aquino Ferreira. Rio de Janeiro: O Globo; São Paulo: Folha de São Paulo, 2003.

TOFFLER, Alvin. **Powershift:** as mudanças do poder. Tradução de Luiz Carlos do Nascimento Silva. Rio de Janeiro: Record, 1990.

WEBER, Max. **Três tipos puros de poder legítimo**. Tradução de Artur Morão. Disponível em: <www.lusosofia.net/textos/weber_3_tipos_poder_morao.pdf>. Acesso em: 22 out. 2015.

**Sugestões de leitura**

MÁRQUEZ, Gabriel García. **O general em seu labirinto**. Rio de Janeiro: Editora Record, 1989.

GINZBURG. Carlo. **O queijo e os vermes**: o cotidiano e as ideias de um moleiro perseguido pela Inquisição. Tradução de Maria Betânia Amoroso; José Paulo Paes. São Paulo: Companhia das Letras, 2006.

MAQUIAVEL, Nicolau. **O Príncipe**. Tradução de Roberto Grassi. 5. ed. Rio de Janeiro: Difel, 2009.

# 6

# A experiência estética

É sempre um desafio trabalhar com os alunos a temática da estética e da arte, que envolve gostos, estilos, visões de mundo e, sobretudo, paixões. Por isso, como uma introdução ao tema, podemos levar os alunos a refletir acerca da necessidade de sair do senso comum e abrir-se às possibilidades. Para trabalhar este conteúdo no Ensino Médio, sugerimos a integração com outras áreas do conhecimento, sobretudo com as disciplinas de Arte, Sociologia e Línguas. O estabelecimento das práticas interdisciplinares permite que os alunos tenham uma visão mais coesa do tema e conectem os conhecimentos.

A estética física está em moda no mundo da grande mídia e no dia a dia das pessoas, sendo associada a salões de beleza, cirurgias e demais tratamentos corporais, que buscam um padrão de beleza dominante. Esse uso mais comum da estética não está incorreto, pois ela se relaciona com a ideia de beleza. Entre os alunos não é diferente já que possuem um olhar estético com relação ao colega, o que não deixa de ser um desabrochar para o belo. Nesse sentido, devemos promover nos alunos o saber conceitual e histórico da estética, bem como a capacidade de análise crítica e a construção estética da própria existência.

Sugerimos estabelecer um diálogo com os alunos a partir das questões apresentadas a seguir ou de outras que considerar mais pertinentes. Neste momento, podemos fazer uma dinâmica seguindo alguns passos: primeiramente, as repostas serão orais; depois, os alunos as escreverão em folhas de sulfite e as apresentarão da maneira que quiserem. A ideia é fazer os alunos com-

**Estética:** A palavra "estética" tem origem grega (*aisthesis*) e é entendida como a "faculdade de sentir". Estética é aquilo que se sente. O contrário seria anestesia, isto é, não sentir, não perceber. O conceito de estética foi criado pelo alemão Alexander Baumgarten (1714-1762), em 1750. O filósofo fazia referência ao conhecimento sensível e entendia a estética como complemento da lógica no conhecer pela sensibilidade.

**Arte:** O termo "arte" é de origem latina (*ars*) e em grego se escreve *tékhne* (técnica). Em geral, trata-se da atividade humana de transformar a natureza e extrair determinada obra, resultando em bela arte. Pode ser entendida também como a atividade de aplicação de conhecimento geral em casos singulares ou concretos, isto é, o conhecimento técnico, por exemplo, de um médico »»

preenderem que o processo criativo se dá diante de uma folha em branco, mas com a mente cheia de ideias, inquietações e desejos.

- Qual é a coisa mais bela que você já viu? Por quê?
- Que tipo de coisas despertam sensações ruins em você?
- Diante da dor, da angústia ou da tristeza, você busca refúgio na arte? Em qual(is) tipo(s)?
- O feio, o grotesco e o desagradável também provocam a experiência estética?
- As artes são importantes para a vida do ser humano? Por quê?

Feito o diálogo e proposto o desafio de expressão das respostas, recomendamos criar com os alunos um painel que será utilizado durante os estudos de estética. Cole as folhas com as respostas do alunos no painel. Finalize a atividade com a música "Nos bailes da vida", de Milton Nascimento. Peça aos alunos que destaquem um trecho da música e façam um comentário breve.

## 6.1 ESTÉTICA: O OLHAR FILOSÓFICO

Após a introdução e a atividade, podemos trabalhar a questão conceitual. Sugerimos fazer o trabalho por meio de uma perspectiva histórico-filosófica.

A estética pode ser fracionada em duas perspectivas: o objetivismo e o subjetivismo. Até a revolução estética de Kant, ninguém colocava em dúvida que a beleza era propriedade do objeto estético (objetivismo). O que havia eram as discussões quanto ao problema da verdadeira beleza.

Nesse ponto, distinguem-se Platão e Aristóteles. Para Platão, a beleza de um objeto dependia da maior ou menor comunicação que tinha com a beleza superior, absoluta, divina, que subsistia no mundo inteligível onde se encontrava a verdade. Quanto mais próximo, mais belo. Notamos isso quando o filósofo afirmou que "aquele que desconhece a verdade e se limita a buscar a opinião atingirá, pelo que se evidencia, algo ridículo, destituído de arte e de modo algum uma arte" (PLATÃO, 2010, p. 95). Assim, esse filósofo entendia um mundo em ruínas e outro em forma. Então, a beleza de todos os corpos era uma só, por isso não se devia amar corpos belos, mas sim a beleza presente neles. Nesse sentido, Platão dedicou pouco estimo à beleza corpórea, pois o homem devia elevar-se da beleza sensível para a beleza inteligível. Segundo Suassuna, "a beleza do cavalo terrestre ou de uma mulher terrestre era, segundo Platão, reflexo da beleza Absoluta, recebido através de seus respectivos arquétipos" (2013, p. 38).

Aristóteles, por sua vez, ao abandonar o idealismo de Platão, seu mestre, passou a defender que a beleza do objeto dependia da harmonia e da ordem existentes entre as partes. A definição aristotélica pode ser encontrada na seção VII da *Poética*, que diz:

> *[...] uma vez que é belo, seja um ser vivente, seja qualquer coisa que resulte de composição das partes, não deve ter suas partes submetidas apenas a uma certa ordem, mas também a uma extensão e na ordenação, eis por que um ser vivente não seria belo se fosse muito pequeno [...], assim como também não o seria se fosse muito grande [...] (ARISTÓTELES, 2015, p. 91).*

Desse modo, assim como para Platão a beleza se dava no objeto, guardando suas especificidades, pois o objeto era belo se estava próximo ao suprassensível, para Aristóteles, a beleza era determinada pela ordem e pela harmonia. A beleza podia ser considerada, portanto, propriedade do objeto. Em Aristóteles, as três principais características da beleza eram harmonia, grandeza e proporção.

A partir do exposto, propomos a análise das imagens a seguir solicitando a identificação de quais pensamentos estéticos, platônico ou aristotélico, as imagens representam. Após a identificação, peça aos alunos que reproduzam as duas imagens e, na parte inferior, criem uma legenda explicativa das filosofias presentes em cada uma delas. Depois, exponha no painel.

**Figura 6.1** – *Representação da perspectiva platônica.*

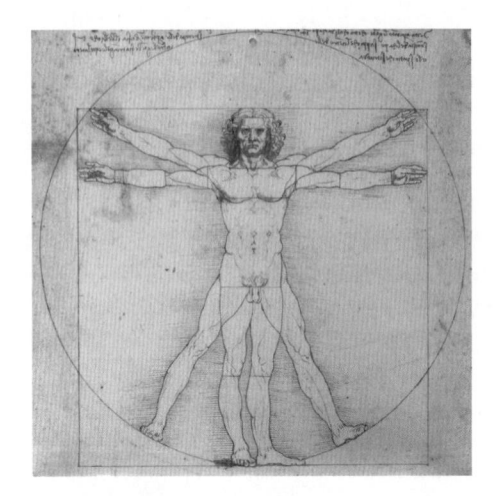

*Figura 6.2 – Representação da perspectiva aristotélica.*
Homem Vitruviano, *de Leonardo da Vinci, 1490.*

**Santo Agostinho:**

Santo Agostinho (354-430) entende a beleza como aquilo que indica arte divina. Ele defende que a arte bela surge da regularidade geométrica. A beleza da arte, então, é dada por iluminação divina.

**Santo Tomás de Aquino:**

Santo Tomás de Aquino (1227-1274) retoma o pensamento aristotélico e recupera o mundo sensível. Ele faz do conceito de forma a relação com Deus, que concede os atributos da beleza: unidade, verdade e bondade. Além disso, propõe três condições para a beleza: integridade/perfeição; proporção/harmonia e claridade/luminosidade.

Durante a Idade Média, não houve grande interesse pelas artes em termos de apreciação. No entanto, por conta do analfabetismo, as pinturas, por exemplo, eram usadas de forma pedagógica para ensinar e difundir as mensagens bíblicas e a fé cristã. Os dois pensadores que se destacaram foram Santo Agostinho e Santo Tomás de Aquino.

Já na Idade Moderna, a estética subjetiva de Kant marcou a mudança de paradigma sobre a compreensão estética. Esse filósofo deslocou a beleza do objeto para o sujeito. Assim, a distinção entre algo belo ou não está ligada à faculdade da imaginação, ao sujeito, a seu sentimento de prazer ou desprazer. Instaura-se, então, o juízo de gosto que, segundo Kant, "não é, pois, nenhum juízo de conhecimento, por conseguinte não é lógico e sim estético, pelo qual se entende aquilo cujo fundamento de determinação não pode ser senão subjetivo" (2010, p. 48).

Desse modo, entendemos que o sentimento de prazer ou desprazer não está presente no objeto, mas sim na sensação do afetado. Com isso, fica claro o subjetivismo kantiano e sua revolução copernicana no campo da estética. Embora do objeto emane as representações de modo objetivo, o prazer e o desprazer estão ligados à faculdade de juízo do indivíduo. O juízo de gosto é independente de todo interesse e, nesse sentido, é por meio da simples contemplação que se identifica algo como belo ou não.

Para promover uma dinâmica de análise de texto filosófico com os alunos, apresentamos um trecho da obra *Crítica da faculdade do juízo*, em que Kant elucida o juízo de gosto como simples representação pura e desinteressada do objeto. Ao trabalhar o texto, sugerimos que os alunos façam uma discussão em duplas e exponham as considerações da interpretação do texto por escrito.

> *Agora, se a questão é se algo é belo, então não se quer saber se a nós ou a qualquer um importa ou sequer possa importar algo da existência da coisa, e sim como a ajuizamos na simples contemplação (intuição ou reflexão). Se alguém me pergunta se acho belo o palácio que vejo ante mim, então posso na verdade dizer: não gosto desta espécie de coisas que são feitas simplesmente para embasbacar, ou, como aquele chefe iroquês, de que em Paris nada lhe agrada mais do que as tabernas; posso, além disso, em bom estilo rousseauniano, recriminar a vaidade dos grandes, que se servem do suor do povo para coisas tão supérfluas; finalmente, posso convencer--me facilmente de que, se me encontrasse em uma ilha inabitada, sem esperança de algum dia retornar aos homens, e se pelo meu simples desejo pudesse produzir por encanto um tal edifício suntuoso, nem por isso dar-me-ia uma vez sequer esse trabalho se já tivesse uma cabana que me fosse suficientemente cômoda. Pode-se conceder-me e aprovar tudo isto; só que agora não se trata disso. Quer-se saber somente se esta simples representação do objeto em mim é acompanhada de complacência, por indiferente que sempre eu possa ser com respeito à existência do objeto desta representação. Vê-se facilmente que se trata do que faço dessa representação em mim mesmo, não daquilo em que dependo da existência do objeto, para dizer que ele é belo e para provar que tenho gosto. Cada um tem de reconhecer que aquele juízo sobre beleza, ao qual se mescla o mínimo interesse, é muito faccioso e não é nenhum juízo de gosto puro. Não se tem que simpatizar minimamente com a existência da coisa, mas ser a esse respeito completamente indiferente para em matéria de gosto desempenhar o papel de juiz (KANT, 2010, p. 49-50).*

Não simpatizar com a existência da coisa e ser indiferente são condições para, em matéria de gosto, ser juiz. Essa proposição, segundo Kant, é de primordial importância, pois é a complacência pura e desinteressada no juízo de gosto, que é base da percepção estética. Na perspectiva do prazer e do desprazer, o agradável, o belo e o bom designam três relações diversas das representações. A complacência do agradável é aquilo com que se deleita; a do belo é aquilo que apraz; a do bom, o que é estimado e aprovado, ou seja, onde é posto um valor objetivo. Entre os três modos de complacência, o belo é o único desinteressado e livre, "pois nenhum

**Complacência:** É a sensação de um prazer, uma representação objetiva dos sentidos. Aquilo que permanece no subjetivo e não pode constituir nenhuma representação do objeto de sentimento. A sensação objetiva é a percepção de um objeto do sentido. O sentimento é subjetivo e não representa o objeto. Kant apresenta o seguinte exemplo: "A cor verde dos prados pertence à sensação objetiva, como percepção de um objeto do sentido; o seu agrado, porém, pertence à sensação subjetiva, pela qual nenhum objeto é representado: isto é, ao sentimento pelo qual o objeto é considerado como objeto da complacência (a qual não é nenhum conhecimento do mesmo)" (KANT, 2010, p. 51).

interesse, quer o dos sentidos, quer o da razão, arranca aplauso" (KANT, 2010, p. 55). O filósofo ainda afirma a relação das três complacências. A inclinação pelo agradável, ao se impor ao desejo, não deixa a liberdade para fazer de qualquer coisa um objeto de prazer, como vemos no trecho a seguir:

> *No que concerne ao interesse da inclinação pelo agradável, qualquer um diz que a fome é o melhor cozinheiro e que pessoas de apetite saudável gostam de tudo, desde que se possa comê-lo; consequentemente, uma tal complacência não prova nenhuma escolha pelo gosto. Somente quando a necessidade está saciada pode-se distinguir quem entre muitos tem gosto ou não. Do mesmo modo há costumes (conduta) sem virtude, cortesia sem benevolência, decência sem honradez etc. (KANT, 2010, p. 55).*

O gosto na estética kantiana é ajuizamento, complacência ou descomplacência, independente de todo interesse. O belo é o objeto dessa complacência (gosto). Sendo o belo, segundo Kant, representado sem conceitos nem interesse, mas com a validade para qualquer um.

A distinção entre a beleza livre e a beleza aderente, conforme Suassuna, repercute nas teorias sobre a arte abstrata. A beleza livre é aquela em que o olhar é desinteressado com vistas ao prazer; a beleza aderente liga-se ao fim ou à utilidade da coisa. Kant considera as artes figurativas aderentes e as livres, abstratas. Ao afirmar o belo como aquilo que agrada só no julgamento de gosto, o filósofo ainda usa o conceito de sublime como aquilo que agrada imediatamente, acrescentando a fealdade aparente dentro das fronteiras da beleza.

## 6.2 CONCEITOS DE ARTE

Com Platão, a arte possui finalidade prática e também mística, sendo uma forma de integração com o inteligível. Nesse sentido, quando a arte não fica apenas no sensível, é benéfica. Porém, se a arte enfatiza a beleza corpórea, despreza a beleza absoluta gerando um espírito dionisíaco de desmedida e embriaguez dos sentidos e das paixões. A beleza artística, por sua vez, é inferior à beleza da natureza por ser cópia da cópia; até um trabalho artesanal é superior, por exemplo, à pintura ou à escultura baseadas na natureza, pois o artesanato nasce direto da mão do homem, que é um criador de formas.

**Platão:** Nas palavras de Suassuna: "Como se vê, era mesmo de esperar que Platão sentisse pela arte um misto de repulsa e de profunda atração: porque a beleza dos corpos sensíveis, ao mesmo tempo que atrai, afasta os homens do caminho para beleza absoluta. A arte, ao criar um objeto belo, lembra aos homens a mulher-modelo, o tipo ideal e imutável de beleza feminina, ligado à Beleza absoluta; e, por outro, prende as asas da alma, ligando o homem, pela sensualidade, ao corpo feminino e impedindo, assim, que o espírito se encaminhe para o objetivo final da reminiscência – a comunhão com a Beleza absoluta" (SUASSUNA, 2013, p. 137).

Aristóteles caracteriza a arte como uma ação criadora de formas. É faculdade própria ao homem criar um objeto exterior. Para esse filósofo, a arte possui um caráter virtuoso por ser fruto da inteligência. Na criação, existe a fruição, ou seja, é uma atitude que desperta o prazer. Desse modo, uma bela obra é aquela que promove a fruição ou o prazer.

No livro *Ética a Nicômaco*, encontramos um texto que pode ser discutido com os alunos.

*Ora, como a arquitetura é uma arte, sendo essencialmente uma capacidade raciocinada de produzir, e nem existe arte alguma que não seja uma capacidade desta espécie, nem capacidade desta espécie que não seja uma arte, segue-se que a arte é idêntica a uma capacidade de produzir que envolve o reto raciocínio. Toda arte visa à geração e se ocupa em inventar e em considerar as maneiras de produzir alguma coisa que tanto pode ser como não ser, e cuja origem está no que produz, e não no que é produzido. Com efeito, a arte não se ocupa nem com as coisas que são ou que se geram por necessidade, nem com as que o fazem de acordo com a natureza (pois essas têm sua origem em si mesmas). Diferindo, pois, o produzir e o agir, a arte deve ser uma questão de produzir e não de agir; e em certo sentido, o acaso e a arte versam sobre as mesmas coisas. Como diz Agatão: "A arte ama o acaso, e o acaso ama a arte". Logo, como já dissemos, a arte é uma disposição que se ocupa de produzir, envolvendo o reto raciocínio; e a carência de arte, pelo contrário, é tal disposição acompanhada de falso raciocínio. E ambas dizem respeito às coisas que podem ser diferentemente (ARISTÓTELES, 1991, p. 127).*

Já Kant, em sua perspectiva subjetivista e da não admissão da participação da inteligência na criação da beleza, pois a beleza agrada sem conceitos, entende que nenhuma norma pode ser estabelecida para a criação e o julgamento dos objetos artísticos. A teoria kantiana chama a atenção para o papel primordial da intuição e da imaginação, em que as obras dos grandes gênios tornam-se guias. A natureza é bela ao possuir a característica de uma obra de arte; a obra de arte é bela quando deixa claro que é arte. Assim, a arte deve ter a aparência da natureza, mas deixar claro que é arte.

Hegel, por sua vez, afirma a arte como nascida duas vezes do espírito. Considera, portanto, que a obra de arte tem mais beleza que a própria natureza porque tenta superá-la, uma vez que a consciência do homem, parte do espírito absoluto, cria obras de arte.

Gênios: "Primeiro, que o gênio é o talento de produzir aquilo para o que não se saberia dar regra determinada [...] segundo: as obras do gênio devem ser, ao mesmo tempo, modelos, devem ser exemplares, e, por consequência, apesar de não serem, elas próprias, obras de imitação, devem ser propostas à imitação dos outros, para servir de medida ou de regra de apreciação. Terceiro: o gênio [...] não sabe, ele próprio, como lhe vieram as ideias [...], nem como comunicar aos outros os preceitos que lhes permitam produzir obras semelhantes [...] quarto: a Natureza, pelo gênio, não dá regras à Ciência, mas à Arte, e mais, exclusivamente às Belas-Artes" (KANT apud SUASSUNA, 2013, p. 144).

**Leonardo da Vinci:**
Leonardo da Vinci (1452-1519) foi um dos mais importantes pintores do Renascimento Cultural (o termo "renascimento" remete a renascença; surgir de novo), movimento responsável pela inovação da arte entre os séculos XIV e XVI. Caracterizava-se pela harmonia e beleza. Possuiu três períodos: *trecento*, início; *quattrocento*, era dourada; *cinquecento*, expansão e transformação a outras partes da Europa. Os artistas buscavam os ideais de perfeição, harmonia, equilíbrio e graça.

Para finalizar o conteúdo com os alunos, seria interessante selecionar algumas obras de arte (pinturas, esculturas, peças de teatro, músicas, cinema, poesias etc.) e pedir que, individualmente, os alunos as classifiquem na perspectiva de um dos filósofos estudados neste capítulo. Recomendamos propor questões como, por exemplo: ao ter contato com *Mona Lisa*, a famosa obra do renascentista Leonardo da Vinci, o que afirmaria Platão, Aristóteles, Kant e Hegel? Esperamos que os alunos façam essa análise e identifiquem as perspectivas de cada pensador. Depois, exponha as respostas no painel. Por fim, sugerimos que seja feita uma mostra de artes, em parceria com as demais disciplinas. Assim, os alunos podem expor sua criatividade e produzir mais saberes.

*Figura 6.3* – Mona Lisa, *de Leonardo da Vinci, 1503-1506.*

## REFERÊNCIAS BIBLIOGRÁFICAS

ARISTÓTELES. **Poética.** Tradução de Paulo Pinheiro. São Paulo: Editora 34, 2015.

_____. **Ética a Nicômaco**. Tradução de Leonel Vallandro e Gerd Bornheim. 4. Ed. São Paulo: Abril Cultural, 1991.

KANT, Immanuel. **Crítica da faculdade do juízo**. Tradução de Valerio Rohden e António Marques. 2. ed. Rio de Janeiro: Forense Universitária, 2010.

PLATÃO. **Apologia; Banquete e Fedro**. Tradução de Edson Bini e Albertino Pinheiro. São Paulo: Folha de S. Paulo, 2010.

SUASSUNA, Ariano. **Iniciação à estética**. Rio de Janeiro: José Olympio, 2013.

## Sugestões de filmes

Para auxiliar o trabalho com o tema deste capítulo, sugerimos os seguintes filmes: *Caçadores de obras-primas* (EUA/Alemanha, 2014), dirigido por George Clooney; *Sociedade dos poetas mortos* (EUA, 1989), dirigido por Peter Weir; *O carteiro e o poeta* (Itália, 1995), dirigido Michael Radford.

# 7

# O ser da realidade: o pensamento metafísico

Vivemos no mundo. Somos cercados pelo mundo, pela natureza, por outros seres e por tudo o que nele existe. E a própria dinâmica da vida nos direciona a encarar tudo da maneira como é, não como queremos que seja. É provável que boa parte das confusões que ocorrem na vida seja entre ser e querer. Por isso, o problema maior é o da compreensão. Neste capítulo, vamos nos dedicar a refletir sobre a compreensão. Afinal, o que é compreender?

## 7.1 O QUE AS COISAS SÃO? COMO ELAS SÃO?

### 7.1.1 O que é, é o que é?

Como o mundo é? Como a natureza é? Como os seres são? Que tipo de realidade é esta em que vivemos no planeta Terra? Certamente, por conta da experiência cotidiana e do desenvolvimento da ciência, vamos dizer que a realidade em que vivemos é física, material, corpórea. Entretanto, a realidade física, material e corpórea das coisas é transformada constantemente.

### 7.1.2 As coisas se transformam

Podemos começar ouvindo a música "Como uma onda", de Lulu Santos. Depois, conduza uma reflexão aberta, pensando com os alunos. Em seguida, é oportuno apresentar alguns fragmentos de Heráclito que estão no Capítulo 2 deste livro (p. 30-31). A partir dos textos, sugerimos abrir um debate sobre as mudanças presentes na realidade cotidiana dos alunos de modo a entender a

"Como uma onda", de Lulu Santos. Letra da música:

Nada do que foi será
De novo do jeito que já foi um dia
Tudo passa, tudo sempre passará
A vida vem em ondas como um mar
Num indo e vindo infinito
Tudo que se vê não é
Igual ao que a gente viu a um segundo
Tudo muda o tempo todo no mundo
Não adianta fugir
Nem mentir pra si mesmo agora
Há tanta vida lá fora
Aqui dentro sempre
Como uma onda no mar
[refrão]

profundidade das afirmações de Heráclito. De fato, tudo se transforma, tudo evolui.

Na sequência, coloque a seguinte pergunta: se tudo se transforma, podemos entender que nada possui identidade? Por exemplo, podemos dizer que o cachorro que adotamos com dois meses de idade, que cresceu e se transformou, aos 5 anos não é mais o mesmo cachorro? Podemos dizer o mesmo das pessoas e de outros seres ou objetos?

### 7.1.3 As coisas possuem identidade

Mesmo que tudo se transforme, parece que as coisas guardam uma identidade única, individual. Porém, como é possível que uma coisa mude e conserve uma identidade individual? Como uma planta ou um cachorro, apesar de terem a aparência modificada no decorrer dos anos, continuam sendo o mesmo cachorro ou a mesma planta? E as pessoas?

Para essa discussão, sugerimos trazer para a aula os fragmentos de Parmênides que estão no capítulo 2 da obra *Origens da filosofia*. Em seguida, podemos pensar com os alunos sobre a profundidade das concepções desse filósofo, por meio de questões como: se as coisas e os seres não possuíssem identidade, como poderíamos lidar com a realidade que nos cerca? Como distinguiríamos uma coisa ou um ser de outra coisa ou outro ser?

Entretanto, a identidade das coisas não está baseada em nossa inabilidade em lidar com a transformação, mas sim nas próprias coisas, nos próprios seres. Isso ocorre porque existem características únicas que os definem e os distinguem. Porém, como podemos pensar a definição e a distinção?

### 7.2 COMO PENSAR A IDENTIDADE DAS COISAS?

As coisas e os seres possuem uma realidade que identifica o que são. Tudo o que vemos é um ser. Na filosofia, a palavra "ser" refere-se àquilo que existe e àquilo que tem uma identidade própria e fundamental ou uma essência. A essência de um ser é o que tem de próprio e não depende de outros seres nem de circunstâncias para ser. Aristóteles, primeiramente, chamou *substância*, significando *substrato*, o que está por debaixo, o que dá suporte ou sustentação. Essência e substância, assim, representam a mesma ideia, isto é, cada ser possui uma realidade necessária e constante.

Quando perguntamos o que é isto ou aquilo, queremos dizer que isto ou aquilo existe de uma forma particular que eu quero entender. Foi Aristóteles que encarou o desafio de pensar o que são as coisas e o fez em sua obra *Metafísica*, "título dado por Andrônico de Rodes, principal organizador da obra de Aristóteles, por volta do ano 50 a.C., a um conjunto de textos aristotélicos" que estavam após o texto sobre física, "significando literalmente, 'após a física'". Posteriormente, tornou-se "aquilo que está além da física, que a transcende" (JAPIASSÚ; MARCONDE, 2006, p. 185).

O tipo de estudo ou ciência a que Aristóteles se dedica nessa obra é denominada por ele "filosofia primeira", "a ciência que pensa o ser enquanto ser", o estudo sobre o que é isso que chamamos "ser". Afinal, o que é o ser? Como destacado anteriormente, o ser é o que existe e tem uma essência, "uma unidade e uma realidade determinada" (ARISTÓTELES, 2002, 1003a, p. 33-34).

A partir disso, como descrever o ser de modo geral, sem ter de descrever todos os seres possíveis e imagináveis? Segundo Aristóteles, existem dez categorias, como está no Capítulo 2 deste livro. A primeira é a substância e as outras nove são os modos. A substância é a essência, o que define; os nove modos são as variações. Os modos são também chamados *acidentes* e referem-se às características aparentes, que variam de ser para ser e ajudam a identificar e a distinguir cada ser. Além disso, para saber identificar e descrever cada ser, conhecendo seus princípios ou origens, é necessário entender sua potencialidade e atualidade. Para o filósofo, cada ser carrega em si uma potência de ser alguma coisa, e quando realiza sua potencialidade torna-se um ato. Isso quer dizer que as coisas não se transformam apenas pela ação do tempo nem por estarem em um lugar, mas sim por possuírem potencialidades em sua essência que, realizadas, são atos. Ato e potência são representações da transformação que se produz nos seres.

## 7.3 A ESSÊNCIA HUMANA

Uma vez entendido o significado de essência e que a metafísica busca entender a essência, perguntamos agora sobre a essência do ser humano. Afinal, qual é a essência do ser humano?

Platão, na obra *Fédon*, afirmou que a identidade do ser humano (sua essência) é denominada pelo termo alma. Nesse texto, o filósofo afirma que a alma é despida do corpo na morte e fica somente com sua formação moral e seu regime de vida (o mais importante).

**Metafísica:** Em Aristóteles, metafísica designava o estudo do ser. No século XVII, o filósofo alemão Rudolph Goclenius, em *Lexicon Philosophicum* (1613), cunhou o termo *ontologia* (*ontos* – ser; *logia* – estudo) para designar esse estudo "do ser considerado independentemente de suas determinações particulares e naquilo que constitui sua inteligibilidade própria" (JAPIASSÚ; MARCONDE, 2006, p. 206). É frequente o uso dos dois termos como sinônimos.

**Variam de ser para ser:** Todo ser possui uma essência e acidentes, causas e uma potencialidade em direção a sua realização. Se assim o é, qual é a essência do ser humano?

**Alma:** A palavra "alma" vem do latim *anima*, que significa "sopro ou ar". É também princípio imaterial da vida, aquilo que anima a vida, mais precisamente, o corpo. Entre os antigos e até o final da Idade Média, entendia-se que a vida começava com a respiração, pois, na primeira respiração, a alma entrava no corpo. Posteriormente, a alma foi associada à mente, cujo termo grego *psiquê* (princípio de natureza vital) é o mais significativo atualmente.

O gênio a acompanha no caminho para o mundo inferior, bem como em vida na Terra. Ao chegar ao submundo, a alma é submetida a um julgamento e recebe uma sentença. Depois de cumprida a sentença, "de haverem recebido o que mereciam e de terem lá permanecido durante o tempo conveniente, outro guia os reconduz para cá, através de muitos e demorados períodos de tempo" (PLATÃO, 1979, p. 115). A alma sábia, que viveu corretamente, de maneira pura e íntegra, é recebida pelos próprios deuses. A alma que cometeu crimes (atos injustos) é reconhecida pelas outras almas como praticante de obscuras ações e, assim, recebe as punições adequadas. Ainda segundo o texto, a alma é o que dá vida ao corpo (PLATÃO, 1979, p. 113) e é o que subsiste após a morte. Ela é indestrutível e eterna, portanto, imortal.

Para fundamentar a imortalidade da alma, Platão expõe, em obras distintas (*Fédon, Fedro, A República* e *Leis*), quatro argumentos. Baseado nas reflexões de Marilena Chauí (2002), são eles:

1. A alma é simples. Na natureza, todo composto se decompõe e morre ou desaparece, mas a parte racional da alma, que é imaterial, não se decompõe nem se separa, pois é simples e una.

2. A alma é reminiscente. Ela conhece a verdade de tudo o que existe, lembrando-se do que contemplou em outra vida, no Mundo das Ideias.

3. A alma participa da ideia de vida. Ela é um princípio vital, é um sopro vital que fornece vida a tudo "e, portanto, não pode receber nem participar do que é contrário à sua essência", como a morte (p. 301).

4. A alma é automovente. Ela move a si mesma, pois o que é movido por outro ser deixa de mover-se quando a causa do movimento cessa. A alma não é movida por nada, contudo, move a si mesma e a todas as coisas. Aquilo que move a si mesmo "é inengendrado e o que é inengendrado é imortal" (p. 301).

A pergunta que fica é: quais as qualidades da alma? Segundo Platão, ela possui uma parte racional, associada ao pensamento, e outra irracional, associada à afetividade, aos desejos e aos instintos. Dessas, a parte realmente imortal é a parte racional.

### 7.3.1 Lendo textos filosóficos: Descartes

Propomos aqui a leitura de trechos de duas obras de René Descartes: *Discurso do método* e *Meditações*. Nosso intuito é

---

**Morte:** Era comum entre os povos antigos (antes Era Cristã) afirmar que a morte não era o fim da vida, mas sim uma passagem para outra vida. O que ficava neste mundo era o corpo que perecia; para outro mundo, ia a alma, parte imaterial no ser humano. Dessa forma, o corpo é mortal, porém a alma é imortal.

**René Descartes:** René Descartes (1596-1650) "nasceu na França, de família nobre. Aos oito anos, órfão de mãe, é enviado para o colégio dos jesuítas de La Flèche, onde se revela um aluno brilhante. Termina o secundário em 1612, contente com seus mestres, mas descontente consigo mesmo, pois não havia descoberto a Verdade que tanto procurava nos livros. Decide procurá-la no mundo. Viaja muito. »»

entender a essência do ser humano, agora do ponto de vista da filosofia moderna, inaugurada por esse filósofo.

Sugerimos copiar e distribuir os textos para os alunos para que possam ler em sala de aula, possibilitando um contato direto com a reflexão filosófica. Contudo, a leitura deve ser feita abordando a vida de Descartes, bem como o contexto e a época em que escreveu.

### 1. O cogito: penso, logo existo

*Não estou seguro se deva falar-vos a respeito das primeiras meditações que aí realizei; já que por serem tão metafísicas e tão incomuns, é possível que não serão apreciadas por todos. Contudo, para que seja possível julgar se os fundamentos que escolhi são suficientemente firmes, vejo-me, de alguma forma, obrigado a falar-vos delas. Havia bastante tempo observara que, no que concerne aos costumes, é às vezes preciso seguir opiniões, que sabemos serem muito duvidosas, como se não admitissem dúvidas, conforme já foi dito acima; porém, por desejar então dedicar-me apenas a pesquisa da verdade, achei que deveria agir exatamente ao contrário, e rejeitar como totalmente falso tudo aquilo em que pudesse supor a menor dúvida, com o intuito de ver se, depois disso, não restaria algo em meu crédito que fosse completamente incontestável.*

*Ao considerar que os nossos sentidos às vezes nos enganam, quis presumir que não existia nada que fosse tal como eles nos fazem imaginar. E, por existirem homens que se enganam ao raciocinar, mesmo no que se refere às mais simples noções de geometria, e cometem paralogismos, rejeitei como falsas, achando que estava sujeito a me enganar como qualquer outro, todas as razões que eu tomara até então por demonstrações. E, enfim, considerando que quaisquer pensamentos que nos ocorrem quando estamos acordados nos podem também ocorrer enquanto dormimos, sem que exista nenhum, nesse caso, que seja correto, decidi fazer de conta que todas as coisas que até então haviam entrado no meu espírito não eram mais corretas do que as ilusões de meus sonhos. Porém, logo em seguida, percebi que, ao mesmo tempo que eu queria pensar que tudo era falso, fazia-se necessário que eu, que pensava, fosse alguma coisa. E, ao notar que esta verdade:* eu penso, logo existo, *era tão sólida e tão correta que as mais extravagantes suposições dos céticos não seriam capazes de lhe causar abalo, julguei que podia considerá-la, sem escrúpulo algum, o primeiro princípio da filosofia que eu procurava.*

»» Alista-se nas tropas holandesas de Maurício de Nassau (1618). Sob a influência de Beeckmann, entra em contato com a física copernicana. Em seguida, alista-se nas tropas do imperador da Baviera. Para receber a herança da mãe, retorna a Paris, onde frequenta os meios intelectuais. Aconselhado pelo cardeal Bérulle, dedica-se ao estudo da filosofia, com o objetivo de conciliar a nova ciência com as verdades do cristianismo. A fim de evitar problemas com a Inquisição, vai para a Holanda (1629),onde estuda matemática e física. Escreve muitos livros e cartas. Os mais famosos: *O discurso do método, As meditações metafísicas, Os princípios de filosofia, O tratado do homem* e *O Tratado do mundo*. Convidado pela rainha Cristina, vai passar uns tempos em Estocolmo, onde morre de pneumonia um ano depois" (JAPIASSÚ; MARCONDE, 2006, p. 69).

*Mais tarde, ao analisar com atenção o que eu era, e vendo que podia presumir que não possuía corpo algum e que não havia mundo algum, ou lugar onde eu existisse, mas que nem por isso podia supor que não existia; e que, ao contrário, pelo fato mesmo de eu pensar em duvidar da verdade das outras coisas, resultava com bastante evidência e certeza que eu existia; ao passo que se somente tivesse parado de pensar, apesar de que tudo o mais que alguma vez imaginara fosse verdadeiro, já não teria razão alguma de acreditar que eu tivesse existido; compreendi, então, que eu era uma substância cuja essência ou natureza consiste apenas no pensar, e que, para ser, não necessita de lugar algum, nem depende de qualquer coisa material. De maneira que esse eu, ou seja, a alma, por causa da qual sou o que sou, é completamente distinta do corpo e, também, que é mais fácil de conhecer do que ele, e, mesmo que este nada fosse, ela não deixaria de ser tudo o que é.*

*Depois disso, considerei o que é necessário a uma proposição para ser verdadeira e correta; pois, já que encontrara uma que eu sabia ser exatamente assim, pensei que devia saber também em que consiste essa certeza. E, ao perceber que nada há no eu penso, logo existo, que me dê a certeza de que digo a verdade, salvo que vejo muito claramente que, para pensar, é preciso existir, concluí que poderia tomar por regra geral que as coisas que concebemos muito clara e distintamente são todas verdadeiras, havendo somente alguma dificuldade em notar bem quais são as que concebemos distintamente (DESCARTES, 2007, p. 19-20).*

## 2. Sou uma coisa que pensa

*[...] O que, pois, acreditava eu ser até aqui? Sem dificuldade, pensei que era um homem. Mas que é um homem? Direi que é um animal racional? Certamente não: pois seria necessário em seguida pesquisar o que é animal e o que é racional e, assim, de uma só questão, cairíamos insensivelmente numa infinidade de outras mais difíceis e embaraçosas, e eu não quereria abusar do pouco tempo e lazer que me resta empregando-o em deslindar semelhantes sutilezas [...] Considerava--me, incialmente, como provido de rosto, mãos, braços e toda essa máquina composta de ossos e carne, tal que ela aparece em um cadáver, a qual eu designava pelo nome de corpo. Considerava, além disso, que me alimentava, que caminhava, que sentia e que pensava e relacionava todas essas ações à alma; mas não me detinha em pensar em que consistia essa alma,*

*ou, se o fazia, imaginava que era algo extremamente raro e sutil, como um vento, uma flama ou um ar muito tênue, que estava insinuado e disseminado nas minhas partes mais grosseiras. No que se referia ao corpo, não duvidava de maneira alguma de sua natureza, pois pensava conhecê-la mui distintamente e, se quisesse explicá-la segundo as noções que dela tinha, tê-la-ia descrito desta maneira: por corpo entendo tudo o que pode ser limitado por alguma figura; que pode ser compreendido em qualquer lugar e preencher um espaço de tal sorte que todo outro corpo dele será excluído; que pode ser sentido ou pelo tato, ou pela visão, ou pela audição, ou pelo olfato; que pode ser movido de muitas maneiras, não por si mesmo, mas por algo de alheio pelo qual seja tocado e do qual receba a impressão. Pois não acreditava de modo algum que se devesse atribuir à natureza corpórea vantagens como ter de si o poder de mover-se, de sentir e de pensar; ao contrário, espantava-me antes ao ver que semelhantes faculdades se encontravam em certos corpos.*

*[...] Passemos, pois, aos atributos da alma e vejamos se há alguns que existam em mim. Os primeiros são alimentar-me e caminhar; mas, se é verdade que não possuo corpo algum, é verdade também que não posso nem caminhar nem alimentar-me. Um outro é sentir; mas não se pode também sentir outrora muitas coisas, durante o sono, as quais reconheci, ao despertar, não ter sentido efetivamente. Um outro é pensar; e verifico que o pensamento é um atributo que me pertence; só ele não pode ser separado de mim. Eu sou, eu existo: isto é certo; mas por quanto tempo? A saber, por todo o tempo em que eu penso; poderias, talvez, ocorrer que, se eu deixasse de pensar, deixaria ao mesmo tempo de ser ou de existir. Nada admito agora que não seja necessariamente verdadeiro: nada sou, pois, falando precisamente, senão uma coisa que pensa, isto é, um espírito, um entendimento ou uma razão, que são termos cuja significação me era anteriormente desconhecida. Ora, eu sou uma coisa verdadeira e verdadeiramente existente, mas que coisa? [...] Uma coisa que pensa? Que é uma coisa que pensa? É uma coisa que duvida, que concebe, que afirma, que nega, que quer, que não quer, que imagina também e que sente (DESCARTES, 1988, p. 24-26).*

A partir dos textos, podemos explorar vários elementos com os alunos, como, por exemplo, o papel da dúvida, o processo de raciocínio, a distinção entre corpo e alma e, sobretudo, o tema da consciência.

Ao chegar ao "penso, logo existo", Descartes não reduz sua reflexão apenas à ideia de que o ser humano é um ser pensante, racional, mas também um ser consciente de sua existência, pois pelo fato de pensar pode entender como existe e qual é a qualidade de sua vida.

Posteriormente, Descartes fundou uma temática na filosofia chamada subjetividade. Nela, o conhecimento depende da condição individual do sujeito pensante, do fato de ele próprio pensar e entender as coisas para dar-lhes crédito.

## 7.4 DEUS EXISTE? QUEM É DEUS?

De modo geral, da filosofia antiga à filosofia moderna, Deus é um ser, basicamente, representado por três características fundamentais: realidade última (o mais real dos seres), perfeição pura e inteligência pura.

Como realidade última, Deus é autossuficiente e transcendente. Em última instância, todos os seres, tudo o que existe tem sua causa nele. Dessa forma, é a fonte originária de todas as coisas, o que tem em si todas as potencialidades. É autossuficiente porque não necessita nem depende de qualquer coisa ou ser para existir. Assim, existe por si mesmo, autonomamente. É transcendente porque não se limita a nada nem a qualquer realidade existente. Está para além dessa realidade, o que não exclui a possibilidade de estar ligado a diversas realidades distintas.

Deus é perfeição pura ao ser qualidade do que está acabado, completo e possuidor de todos os predicados que se pode fazer dele. É uma realidade plena, sem defeito. Com relação à inteligência, é o grande arquiteto do universo, aquele que o gerou e colocou-lhe ordem. Os gregos chamavam *noûs*, espírito que permeia e percorre tudo, potência ativa que organiza o caos, inteligência superior que dinamiza e causa ordem e beleza (GOBRY, 2007, p. 98-100).

### 7.4.1 Fé e razão

Podemos dizer que Deus é o que é por ser perfeito, com mais realidade, autossuficiente e pura mente e espírito. Santo Agostinho expressa a síntese entre fé e razão: *crede ut intelligas* ("crê para compreender") e *intellige ut credas* ("compreende para crer")

Fé: Trata-se de uma atitude mental de ligar-se a algo com o qual se compromete, por meio de uma testemunha ou autoridade. É também uma atitude religiosa daquele que liga o crente a uma realidade sobrenatural ou transcendente.

(AGOSTINHO, 1980, p. 12). Buscar entender Deus ou a espiritualidade sem acreditar no que se busca é um ato vazio de sentido, do ponto de vista da vida religiosa. E a força da crença está no conhecimento daquilo que se acredita.

### 7.4.2 Lendo textos filosóficos: Santo Tomás de Aquino

Sugerimos aqui ler o texto de Santo Tomás de Aquino sobre as cinco vias para a existência de Deus para compreender como a razão pode tentar explicar a existência de um ser superior que originou toda a realidade.

#### a. A primeira via, ou via do movimento

*A primeira e a mais evidente é a que se depreende do movimento. Com efeito, é certo e consta dos sentidos, que neste mundo algumas coisas se movem. Ora, tudo aquilo que se move é movido por outro. Com efeito, nada se transmuta que não seja potencial em relação ao termo do movimento; enquanto quem move, move enquanto está em ato. Porque mover não significa mais que impelir alguma coisa da potência ao ato; e nada pode ser reduzido da potência ao ato a não ser mediante um ser que já está em ato. Por exemplo, o fogo que é quente atualmente torna quente em ato a lenha, que era quente apenas potencialmente, e assim a move e a altera. Mas não é possível que uma mesma coisa esteja simultaneamente e sob o mesmo aspecto em ato e em potência: ela o pode ser apenas sob diversas relações: assim, aquilo que é quente em ato não pode ser ao mesmo tempo quente em potência, mas é ao mesmo tempo frio em potência. É, portanto, impossível que sob o mesmo aspecto uma coisa seja ao mesmo tempo movente e movida, isto é, que mova a si mesma. Portanto, é necessário que tudo aquilo que se move seja movido por outro. Se, portanto, o ser que move está também ele sujeito a movimento, é preciso que seja movido por outro, e este por um terceiro e assim por diante. Ora, não se pode de tal modo proceder ao infinito, porque de outra forma não haveria um primeiro motor e, por conseguinte, nenhum outro motor, porque os motores intermediários não movem a não ser enquanto são movidos pelo primeiro motor, como o bastão não move a não ser enquanto é movido pela mão. Portanto, é necessário chegar a um primeiro motor que não seja movido por outro; e todos reconhecem que este é Deus.*

Santo Tomás de Aquino: Santo Tomás de Aquino (1227-1274), "Nasceu na Itália, de família nobre, e entrou cedo na Ordem dos Dominicanos. Percorreu toda a Europa medieval. Depois dos estudos em Nápoles, Paris e Colônia (onde teve por mestre Alberto Magno), ensina em Paris e nos Estados do papa. Morreu quando se dirigia ao Concílio de Lyon. Sua imensa obra compreende duas Sumas: Suma contra os gentios e Suma teológica, vários tratados e comentários sobre Aristóteles, a Bíblia, Boécio etc., além das Questões disputadas. O pensamento de Tomás de Aquino está profundamente ligado ao de Aristóteles, que ele, por assim dizer, 'cristianiza'. Seu papel principal foi o de organizar as verdades da religião e de harmonizá-las com a síntese filosófica de Aristóteles, demonstrando que não há ponto de conflito entre fé e razão" (JAPIASSÚ; MARCONDE, 2006, p. 15).

### b. A segunda via, ou via da causalidade eficiente

*A segunda via parte da noção de causa eficiente. Encontramos no mundo sensível que existe uma ordem entre as causas eficientes, mas não se encontra, e é impossível, que uma coisa seja causa eficiente de si mesma, pois, de outra forma, existiria antes de si mesma, o que é inconcebível. Ora, um processo ao infinito nas causas eficientes é absurdo. Porque em todas as causas eficientes concatenadas a primeira é causa da intermediária, e a intermediária é causa da última, sejam as intermediárias muitas ou uma só; ora, eliminada a causa é subtraído também o efeito: portanto, se na ordem das causas eficientes não existisse uma primeira causa, não haveria também a última, nem a intermediária. Mas proceder ao infinito nas causas eficientes equivale a eliminar a primeira causa eficiente; e assim não teríamos nem o efeito último, nem as causas intermediárias: que evidentemente é falso. Portanto, é preciso admitir uma primeira causa eficiente, que todos chamam Deus.*

### c. A terceira via, ou via da contingência

*A terceira via é tomada do possível (ou contingente) e do necessário, e é a seguinte. Entre as coisas encontramos as que podem existir e não existir; com efeito, algumas coisas nascem e terminam, o que quer dizer que podem existir e não existir. Ora, é impossível que todas as coisas de tal natureza tenham sempre existido, porque aquilo que pode não existir, um tempo não existia. Portanto, se todas as coisas (existentes em natureza são tais que) podem não existir, em dado momento nada existiu na realidade. Mas, se isto é verdadeiro, também agora não existiria nada, porque aquilo que não existe, não começa a existir a não ser por alguma coisa que existe. Portanto, se não existia nenhum ente, é impossível que alguma coisa começasse a existir, e assim também agora não existiria nada, o que evidentemente é falso. Portanto, nem todos os seres são contingentes, mas é necessário que na realidade exista alguma coisa de necessário. Ora, tudo aquilo que é necessário, ou tem a causa de sua necessidade em outro ser ou não. Por outro lado, nos entes necessários que têm em outro lugar a causa de sua necessidade, não se pode proceder ao infinito, como também nas causas eficientes, conforme demonstramos. Portanto, é preciso concluir pela existência de um ser que seja por si necessário, e não extraia de outros a própria necessidade, mas seja causa de necessidade para outros. E este todos dizem Deus.*

### d. A quarta via, ou via dos graus de perfeição

*A quarta via se toma dos graus que se encontram nas coisas. É fato que nas coisas se encontra o bem, o verdadeiro, o nobre e outras perfeições semelhantes em grau maior ou menor. Mas o grau maior ou menor se atribuem às diversas coisas conforme se aproximam mais ou menos de algo sumo e absoluto; assim, mais quente é aquilo que mais se aproxima do sumamente quente. Há, portanto, algo que é verdadeiro ao sumo, ótimo e nobilíssimo, e, por conseguinte, algo que é o supremo ente; pois, como diz Aristóteles, aquilo que é máximo enquanto verdadeiro, é tal também enquanto ente. Ora, aquilo que é máximo em dado gênero, é causa de todos os que pertencem àquele gênero, como o fogo, quente ao máximo, é causa de todo calor, como diz Aristóteles. Portanto, há algo que para todos os entes é causa do ser, da bondade e de qualquer perfeição. E este chamamos Deus.*

### e. A quinta via, ou via do finalismo

*A quinta via se depreende do governo das coisas. Vemos que algumas coisas, que são privadas de conhecimento, isto é, os corpos físicos, operam para um fim, como se manifesta pelo fato de que elas operam sempre ou quase sempre do mesmo modo para atingir a perfeição: daí se manifesta que não por acaso, mas por uma predisposição, alcançam seu fim. Ora, aquilo que é privado de inteligência não tende ao fim a não ser porque está dirigido por um ser cognoscitivo e inteligente, como a flecha lançada pelo arqueiro. Portanto, existe algum ser inteligente, a partir do qual todas as coisas naturais são ordenadas para um fim: e a este ser chamamos Deus (AQUINO apud REALE; ANTISIERI, 2003b, p. 247-248).*

## REFERÊNCIAS BIBLIOGRÁFICAS

AGOSTINHO, Santo. **Confissões; De magistro**. 2. ed. Tradução de Ângelo Ricci. São Paulo: Abril Cultural, 1980. (Coleção Os pensadores).

ARISTÓTELES. **Metafísica**. Tradução de Giovanni Reale. São Paulo: Loyola, 2002.

CHAUÍ, Marilena. **Introdução à história da filosofia**: dos pré-socráticos a Aristóteles. 2. ed. São Paulo: Companhia das Letras, 2002, v. 1.

DESCARTES. **Discurso do método**. Tradução de Enrico Corvi-sieri. Disponível em: <www.dominiopublico.gov.br/download/texto/cv000043.pdf>. Acesso em: 31 out. 2007.

_____. **Meditações; Objeções e respostas; Cartas**. 4. ed. São Paulo: Nova Cultural, 1988. (Coleção Os Pensadores, v. 2).

GOBRY, Ivan. **Vocabulário grego da filosofia**. Tradução de Ivone C. Benedetti. São Paulo: Martins Fontes, 2007.

JAPIASSÚ, Hilton; MARCONDES, Danilo. **Dicionário de filosofia**. 4. ed. Rio de Janeiro: Zahar, 2006.

PLATÃO. **Diálogos**: O Banquete; Fédon; Sofista; Político. Tradução de José Cavalcante de Souza, Jorge Paleikat e João Cruz Costa. São Paulo: Abril Cultural, 1979. (Coleção Os pensadores).

REALE, Giovanni; ANTISIERI, Dario. **História da filosofia**: filosofia pagã antiga. São Paulo: Paulus, 2003a. v. 1.

_____. **História da filosofia**: patrística e escolástica. São Paulo: Paulus, 2003b. v. 2.

**Sugestões de leitura**

HÖFFE, Otfried. **Aristóteles**. Tradução de Roberto Hofmeister Pich. Porto Alegre: Artmed, 2008.

REZENDE, Antonio (Org.). **Curso de filosofia para professores e alunos dos cursos de segundo grau e de graduação**. 13. ed. Rio de Janeiro: Jorge Zahar, 2005.

# O senso comum e as ciências

Um trabalhador rural do norte de Minas Gerais sabia que sua área de plantação compreendia, aproximadamente, dois hectares e que, nesse espaço, sua produção de milho dependia de muitos fatores. O primeiro deles consistia em plantar os grãos na época certa do ano. Ele sabia que devia contar com as boas condições climáticas. E pelo preço que pagou nos grãos tinha de calcular as ofertas do mercado especializado para poder vender sua produção; talvez fosse preciso armazenar o milho e esperar o preço subir. O pequeno produtor devia também observar as possíveis pragas e doenças do milho e optar pela utilização de inseticidas sistêmicos ou pela pulverização na região do colo da planta, entre outras coisas.

Tais conhecimentos utilizados pelo agricultor nada mais são que geometria, geografia, climatologia, economia e química. São as necessidades práticas da vida cotidiana que ensejam o advento de algumas ciências específicas. Todavia, não indagamos de onde surgem esses e muitos outros conhecimentos de homens que, porventura, nunca tiveram contato específico com tais ciências. Não há dúvida de que consideramos a cultura e a tradição comunicada de geração em geração. Contudo, é pelo fascínio da descoberta que muitos homens, por vezes, perguntam-se: o que é isto? Como é? Por que é assim? Eis que surge uma continuidade histórica entre as convicções do senso comum e as conclusões científicas.

Os saberes cotidianos trazem até nós muitas indagações sobre crenças e valores. Desse modo, podemos propor, nas aulas de Filosofia, um levantamento dessas crenças cotidianas, advindas do senso comum, buscando uma explicação para esses saberes. Façamos uma pequena lista de modo aleatório:

- Um tempo pode ser medido em horas, dias, meses etc.
- O Sol é menor que a Terra.
- O espaço existe e é finito.
- O céu é azul.
- O azul existe por si mesmo.
- Chá de alho cura a gripe.
- A corrupção é da cultura humana.
- Amar é sofrer.
- O trabalho é a melhor forma de enriquecer.
- Tudo tem seu tempo.

Seria interessante alargar essa lista com a colaboração dos alunos. Percebemos, assim, que as crenças mais corriqueiras estão materializadas pelos ditados populares e trazem um caráter de verdade, de uma tradição ou de uma cultura. Tais crenças transformam-se, por vezes, em crenças religiosas e/ou doutrinas incontestáveis. Encontramos centenas de ditados populares repletos de crenças e valores.

## 8.1 OS SABERES COTIDIANOS, A FILOSOFIA E AS CIÊNCIAS

O senso comum possui algumas características. Propomos discutir, nas aulas de Filosofia, essas características mediante a observação de alguns ditados populares. Antes, porém, apresentamos as bases, segundo Chauí (2000), dos saberes cotidianos e do senso comum. Esses saberes são subjetivos, qualitativos, heterogêneos, individuais, generalizantes. São alicerçados no lugar-comum e não no extraordinário. Eles veem a ciência como magia, temem o desconhecido e, por conseguinte, criam estereótipos.

Vamos tentar organizar algumas dessas afirmações por meio de nossa atitude filosófica. Como exemplo, citamos o seguinte ditado popular: "Dize-me com quem andas e te direi quem és".

Se formos da "opinião" de que algumas pessoas são moralmente fracas, que suas atitudes na vida não merecem crédito e que sua companhia pode nos influenciar de modo negativo e até nocivo, estamos sendo, no mínimo, subjetivos, qualitativos e generalizadores. Subjetivos porque diante da sociedade em que vivemos formamos opiniões sobre este ou aquele indivíduo e, dependendo de sua conduta moral ou ética, preferimos inferiorizá-lo ou separá-lo de um grupo que julgamos moralmente aceitável. Somos qualitativos porque julgamos que determinadas atitudes são válidas e outras, não. E generalizadores porque falamos acerca de certa situação reunindo-a em uma opinião única, por exemplo: usuários de droga não são pessoas confiáveis.

Paradoxalmente, podemos ser individualizadores. Ainda segundo Chauí, ao sermos qualitativos e heterogêneos, cada fato nos parece investido de autonomia. Contudo, o senso comum espanta-se com o diferente e tem medo do novo; assim, para acomodar suas inquietações, afasta, nega ou, na maioria das vezes, enquadra o novo no já conhecido e o incorpora. No mais, os saberes cotidianos e o senso comum podem criar estereótipos e preconceitos.

Entretanto, sabemos que os saberes cotidianos não são perigosos. Como dissemos, um trabalhador rural, por exemplo, possui saberes cotidianos muito válidos para sua vida prática. A filosofia e a ciência sempre foram interessadas nesses saberes, crenças e valores. Uma atitude filosófica pode sempre questionar o senso comum, tentando refletir sobre sua correspondência no mundo. A ciência, por sua vez, procurará organizar esse conhecimento e tentar, entre outras coisas, oferecer algumas respostas.

Então qual seria a diferença entre um trabalhador rural, um pensador e um cientista? Cada um, com efeito, tem sua importância para a sociedade. Talvez o trabalhador rural ignore a existência de uma ciência específica; entretanto, o pensador e o cientista, dificilmente, ignorarão os conhecimentos advindos do senso comum. Aliás, como disse o economista Gunnar Myrdal, a ciência nada mais é do que o senso comum refinado e disciplinado.

## 8.2 O SENSO COMUM, A VERDADE E A CIÊNCIA

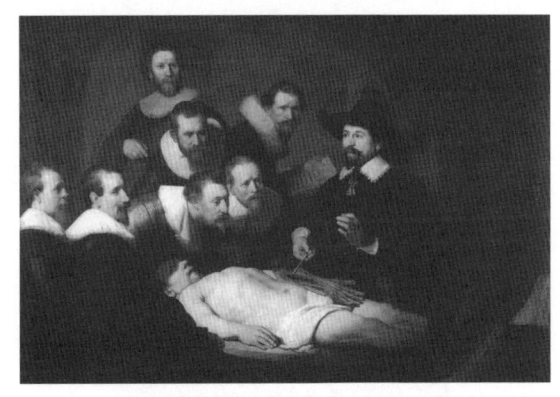

**Figura 8.1** – A lição de anatomia do Dr. Tulp, *de Rembrandt van Ryn (1606-1669).*

Copérnico: Nicolau Copérnico (1473-1543) foi um importante matemático e astrônomo polonês. Pode ser chamado "pai" da astronomia moderna, pois foi ele quem, por meio de seus estudos e cálculos, defendeu a tese de que a Terra, assim como os demais planetas, gira em torno do Sol, o chamado Heliocentrismo. Ele deduziu também que a Terra gira em torno de seu próprio eixo. Até então, acreditava-se que a Terra era o centro do Universo, segundo a teoria do grego Ptolomeu.

Pode ser improdutivo pensarmos que o senso comum, a verdade e a ciência estão cada qual em uma dimensão. Na escola, essas instâncias são apresentadas de maneira diferente, mas a ciência parece sempre ter como fundamento a verdade, o que, diga-se de passagem, é um senso comum que demonstra a crença na ciência ou o mito da ciência. O filósofo Rubem Alves (1981) acrescenta que todo mito é perigoso porque induz e inibe o pensamento.

Desde a Antiguidade, os homens sempre se questionaram acerca das coisas do mundo, observáveis ou não. Platão, em sua alegoria da caverna, volta-se para a questão do conhecimento *versus* a ignorância. Copérnico e muitos outros estudiosos questionaram tanto a ciência do grego Ptolomeu quanto sua cristalização no senso comum, que defendia que o Sol girava em torno da Terra. Essa verdade, porém, somente pôde ser comprovada por meio dos estudos de Galileu Galilei, quando da invenção do telescópio.

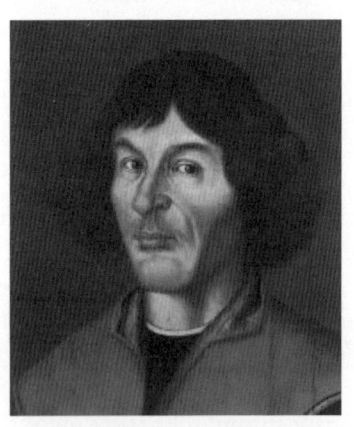

**Figura 8.2** – *Nicolau Copérnico.*

Ptolomeu: Cláudio Ptolomeu (90 d.C.-168 d.C.) foi um cientista, astrônomo e geógrafo de origem grega. Nascido no Egito sob domínio romano, foi um dos últimos grandes cientistas do mundo helenístico e autor dos estudos de astronomia mais importantes produzidos antes de Copérnico e Galileu.

Galileu Galilei: Físico e astrônomo, Galileu Galilei (1564-1642) é considerado um dos fundadores do método experimental e da ciência moderna. Suas principais contribuições à física dizem respeito ao movimento dos corpos e à teoria da cinemática.

**Figura 8.3** – *Cláudio Ptolomeu.*

**Figura 8.4** – *Galileu Galilei.*

Os pensadores sempre se dedicaram à busca da verdade, desconfiavam dos saberes cotidianos a ponto de se debruçarem, como o fez o filósofo francês René Descartes, na construção de um método unificado com base sólida, segura e eficaz, comum a todos, visando ao bom desenvolvimento das ciências. Descartes lançou-se à criação do método em questão, dirigindo severas críticas a quase todos os homens que, até então, haviam se dedicado à construção das ciências. Contudo, o filósofo confessou estar sujeito aos equívocos que essa tarefa pode gerar e declarou não ter a pretensão de ensinar o método que consistiria, apenas, em sua vontade de mostrar o caminho por ele trilhado.

René Descartes: Filósofo, matemático e fisiologista, o francês René Descartes (1596-1650) é considerado o pai da matemática e da filosofia moderna.

**Figura 8.5** – *René Descartes.*

Ora, parece-nos que não fora apenas a demonstração de um caminho seguro para a busca da verdade, mas sim a elaboração de um conhecimento científico, sistemático e explicativo que está na origem de toda ciência. Descartes, assim como Platão e tantos outros filósofos, acreditava realmente que era possível conhecer a verdade. Suas ideias transformaram o mundo ocidental e o caminho das ciências. Eles são, como diz Foucault (2001), os instauradores da discursividade. No entanto, uma pergunta poderia ser feita nesses casos: por que tantos filósofos se dedicaram a esse tema? Ou seja, se devemos desconfiar da veracidade de nossas certezas, como buscar um conhecimento seguro para nossas questões?

Será que ainda hoje, em meio a tantas descobertas da ciência e tantas invenções humanas na área da tecnologia, por exemplo, vivemos em uma caverna platônica? Alguns homens não desejam ser contrariados em suas certezas, e isso os faz obter um novo ponto de vista que, muitas vezes, é o conhecimento prático. Contudo, nem sempre esse conhecimento nos livra de passar a vida contemplando as sombras. É preciso, no caso de muitas áreas do saber, de uma sistematização e de uma organização para se chegar a um conhecimento novo. É preciso, portanto, de uma atitude científica.

Assim, explicar, estabelecer alguma relação de dependência entre proposições que superficialmente não estão relacionadas e apresentar sistematicamente conexões entre fragmentos de informação aparentemente heterogêneos, como propõe Nagel (1961), são características próprias da investigação científica.

### 8.3 FILOSOFIA DA CIÊNCIA: TECNOLOGIA E AVANÇO CIENTÍFICO

É possível construir um computador que sinta dor? A questão de Daniel Dennett (2006) diz respeito, a princípio, à inteligência artificial. O filósofo vê como possibilidade real a instanciação de um robô a uma dor genuína e não àquilo que chamamos dor, desde que uma teoria subpessoal fisiológica da dor venha a ser desenvolvida. Logo de início, procura separar aquilo que nos parece vago: a capacidade de computadores pensarem. No sentido comum do termo, isso é possível até certo ponto, mas o aspecto a ser discutido é a capacidade de os computadores têm de sentir. A questão para Dennett não está centrada na capacidade de produzir simulações computadorizadas que remetem a dor. Todavia, concentra-se na elaboração de um programa que "realmente sinta dor".

Aqui, damos um salto em nossas indagações. A filosofia investiga as ciências, ambas estão em busca de explicar e compreender o mundo. A tecnologia, por sua vez, contribui de modo significativo para o sucesso da ciência. O saber científico não se opõe ao saber filosófico, o que diferencia esses dois saberes é o ponto de vista. A filosofia alcança a globalidade do saber humano enquanto a ciência interessa-se pelo conhecimento alocado e específico. Porém, qual a finalidade de se construir um computador que sinta dor?

Na aula de Filosofia, podemos discutir qual a relevância das investigações científicas e como podemos construir um método científico. É fundamental que discutamos com os alunos questões e problemas que o saber científico suscita. Será que devemos acreditar sempre nos resultados da ciência?

Em nossa vida cotidiana, existem centenas de produtos e tecnologias disponíveis, mas poucas vezes nos perguntamos sobre a eficácia disso tudo. Por exemplo, o creme dental realmente deixa os dentes brancos? Vale sempre lembrar que a ciência não é sempre tida como sinônimo de progresso, existe uma crítica ao saber científico.

Para Nietzsche, por exemplo, o conhecimento da natureza não é pacífico; pelo contrário, o conhecimento se dá por meio da força e da dominação. Logo, todo conhecimento implica poder. Nessa perspectiva, a incontrolável sede por conhecimento submete a vida à tecnologia e regride, consideravelmente, os valores humanos. Cabe, portanto, nas aulas de Filosofia, refletirmos acerca dessa ambivalência da ciência. Afinal, quais seus acertos e erros?

**Figura 8.6** – *Nietzsche.*

## 8.4 SENTIDO, VALOR E LIMITES ÉTICOS DO CONHECIMENTO CIENTÍFICO

Adorno, Horkheimer e os filósofos da Escola de Frankfurt formularam, no início do século XX, a crítica aos rumos tomados pelo conhecimento científico, mais especificamente à crítica da

**Nietzsche:** Friedrich Wilhelm Nietzsche (1844-1900) foi um filósofo alemão de grande influência no Ocidente.

**Adorno, Horkheimer e os filósofos da Escola de Frankfurt:** Foram os pensadores da Escola de Frankfurt que primeiro detectaram a dissolução das fronteiras entre informação, consumo, entretenimento e política, ocasionada pela mídia, bem como seus efeitos nocivos para a formação crítica de uma sociedade. Max Horkheimer (1895-1973) e Theodor W. Adorno (1903-1969) foram os principais representantes dessa escola, fundada em 1924, na Universidade de Frankfurt (Alemanha). Os estudos dos filósofos de Frankfurt ficaram conhecidos como Teoria Crítica, que se contrapõe à Teoria Tradicional. A diferença é que, enquanto a tradicional é "neutra" em seu uso, a crítica busca analisar as condições sociopolíticas e econômicas de sua aplicação, visando à transformação da realidade.

razão contemporânea, instrumental e manipuladora, que passou a exercer influência abrangente na vida das sociedades contemporâneas. É a relação, muitas vezes, implícita entre ciência e poder que leva a ciência a desinteressar-se pelos valores humanos. Como disseram Adorno e Horkheimer, o ditador trata o homem como o homem trata a natureza: ele o conhece para melhor o controlar.

Com o poder podendo quase sempre controlar a ciência, que opera em função do capital desse poder, a vida das pessoas passa a ser submetida a certa instrumentalização e racionalização.

**Figura 8.7** – Linha de produção.

A especialização do trabalho na indústria apresenta-se como científica, todavia esse caráter isento de interesse revela grandes ganhos ao poder. As pessoas adotam o pensamento de que a ciência surge como a forma mais genuína da verdade; o saber especializado passa, então, a ser usado como forma de conhecimento das pessoas. Como aponta Alves (1981), existindo uma forma adequada de pensar como a dos cientistas, para que vamos nos obrigar a pensar? Assim, o autor pergunta: ainda podemos pensar? Adianta pensar? Podemos instaurar essas indagações nas aulas de Filosofia questionando: de quantas formas negligenciamos nossa reflexão em favor de um saber especializado e, muitas vezes, pseudoespecializado?

Hitler exterminou seis milhões de judeus nos campos de concentração por meio do conhecimento racionalizado, como apontou Hannah Arendt em seu livro *Eichmann em Jerusalém* (1999). A filósofa reconheceu em Eichmann – funcionário do regime nazista – um produto desse regime. A tecnologia, como a usada nas câmeras de gás e no crematório, tornava o extermínio de vidas humanas um procedimento rotineiro para os funcionários do regime nazista.

O Projeto Manhattan, por sua vez, resultou na construção de duas grandes bombas atômicas lançadas nas cidades de Hiroshima e Nagasaki, no Japão, matando e ferindo milhares de pessoas. O Projeto Apollo dava aos EUA a supremacia do poder armamentista no contexto da Guerra Fria. A indústria armamentista subsidia, ainda hoje, a economia de muitos países. Sem contar as guerras atuais, que contam com um refinamento tecnológico altamente especializado.

**Projeto Manhattan:** Foi o nome dado a um plano secreto que se desenvolveu durante a Segunda Guerra Mundial. O objetivo era desenvolver as primeiras armas nucleares produzidas pelos EUA, com o apoio do Reino Unido e do Canadá.

**Projeto Apollo:** Foi um programa de exploração espacial criado pela Nasa, a agência espacial estadunidense, com o intuito de levar o homem à Lua e trazê-lo de volta com segurança.

**Figura 8.8** – *Explosão da bomba atômica em Hiroshima, 1945.*

**Figura 8.9** – *Primeiro homem na lua.*

O filósofo Yves Michaud (1989) afirma que a sociedade contemporânea é muito mais violenta que sociedades passadas; essa violência deve-se muito ao uso da ciência e das tecnologias de destruição. Segundo Michaud, são seis as características que contribuem para o crescimento da violência: a diversidade dos instrumentos; a gradação dos meios e o acesso a eles; a sofisticação, a potência e a precisão dos instrumentos; a profissionalização dos serventes; a contaminação de novas áreas e o custo da violência.

**Albert Einstein:** Albert Einstein (1879-1955) foi um físico e matemático alemão. Entrou para o rol dos maiores gênios da humanidade ao desenvolver a Teoria da Relatividade. Estabeleceu a relação entre massa e energia e formulou a equação que se tornou a mais famosa do mundo: $E = mc^2$. Em 1921, recebeu o Prêmio Nobel de Física por seus trabalhos sobre o efeito fotoelétrico e a teoria quântica.

*Figura 8.10 – Sobreviventes da bomba de napalm lançada em cidade do Vietnã pelos Estados Unidos.*

Como já apontara Albert Einstein, o conhecimento científico tem um olhar aguçado para métodos e instrumentos, mas é cego quanto a fins e valores. Entretanto, não devemos ser generalizadores nesse momento.

Podemos discutir com os alunos os grandes avanços e as descobertas que o Projeto Genoma, por exemplo, traz à humanidade, bem como as inovações tecnológicas que visam à qualidade de vida das pessoas nas sociedades. Propomos, pois, reconhecer o sentido das ciências, seus limites, seus valores e as reflexões éticas que implica.

**Projeto Genoma:** O Projeto Genoma Humano (PGH) teve como objetivo o mapeamento do genoma humano e a identificação de todos os nucleotídeos que o compõem. Após a iniciativa do National Institutes of Health (NIH), dos Estados Unidos, centenas de laboratórios de todo o mundo se uniram à tarefa de sequenciar, um a um, os genes que codificam as proteínas do corpo humano e também aquelas sequências de DNA que não são genes.

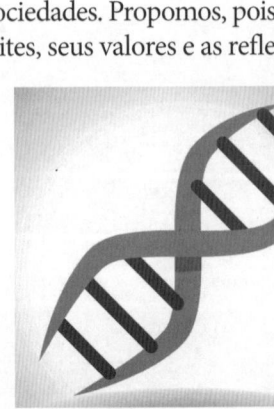

*Figura 8.11 – Ilustração da estrutura do DNA.*

Sugerimos como atividade complementar a apreciação de alguns filmes sobre temas abordados neste capítulo. São eles:

- *A ilha do dr. Moreau* (1977, EUA), direção de Don Taylor.
- *O óleo de Lorenzo* (1992, EUA), direção de George Millor.
- *Epidemia* (1995, EUA), direção de Wolgang Petersen.
- *O jardineiro fiel* (2005, EUA), direção de Fernando Meirelles.
- *A vida é bela* (1997, Itália), direção de Roberto Benigni.

## REFERÊNCIAS BIBLIOGRÁFICAS

ALVES, Rubem. **Filosofia da ciência:** introdução ao jogo e suas regras. São Paulo: Brasiliense, 1981.

CHAUÍ, Marilena Souza. **Convite à filosofia**. São Paulo: Editora Ática, 2000.

DENNETT, Daniel Clement. **Brainstorms:** escritos filosóficos sobre a mente e a psicologia. Tradução de Luiz Henrique de Araújo Dutra. São Paulo: Editora Unesp, 2006.

FOUCAULT, Michel. O que é o autor?. In: _____. **Ditos e escritos**: estética, literatura e pintura, música e cinema. Rio de Janeiro: Forense Universitária, 2001. p. 264-298. v. 3.

MICHAUD, Yves. **A violência**. São Paulo: Ática, 1989.

NAGEL, Ernest. **Structure of science**. Nova York: Harcourt, Brace & World, 1961.

### Sugestões de leitura

ARENDT, Hannah. **Eichmann em Jerusalém:** um relato sobre a banalidade do mal. Tradução de José Rubens Siqueira. São Paulo: Companhia das Letras, 1999.

BACHELARD, Gaston. **A filosofia do não:** filosofia do novo espírito científico. Lisboa: Editorial Presença, 1991.

BOYNE, John. **O menino do pijama listrado**. São Paulo: Companhia das Letras, 2007.

HÜBNER, Kurt. **Crítica da razão científica**. Lisboa: Edições 70, 1993.

WHITEHEAD, Alfred North. **A ciência e o mundo moderno**. São Paulo: Brasiliense, 1946.

# 9

# A filosofia latino-americana

Não é muito comum ouvir o termo filosofia latino-americana, mas ela existe. É importante que os alunos saibam quais são as principais preocupações e conceitos dessa filosofia, afinal, os países que compõem a América Latina são nossos vizinhos, e vivemos realidades sociais e políticas parecidas do ponto de vista histórico.

Neste capítulo, desenvolvemos quatro tópicos que contemplam três momentos da filosofia latino-americana: a questão da humanidade dos indígenas, o pensamento filosófico latino-americano, a filosofia existencial e histórica e a filosofia da libertação. Sugerimos que este tema seja abordado em, no mínimo, cinco aulas, separando uma aula delas para a discussão da filosofia latino-americana que se aproxima da realidade social dos alunos e do contexto de vários brasileiros. Focamos em textos e imagens com a finalidade de promover reflexões e problematizar a visão de mundo dos alunos sobre a realidade brasileira cotidiana, sobretudo com relação à vida da escola, envolvendo professor, aluno e sociedade.

## 9.1 A QUESTÃO DA HUMANIDADE DOS INDÍGENAS

A filosofia latino-americana tem como uma das questões principais a humanidade dos indígenas, ao se pensar se "os indígenas são humanos". Tal pensamento surgiu há mais de quinhentos anos, quando ocorreu a negação da humanidade dos indígenas, que foram excluídos ideologicamente da humanidade.

Em 1492, o chamado Novo Mundo (como diziam os espanhóis, companheiros de Colombo) foi dividido em duas partes: um era o *mundo indígena*, degradado e humilhado, outro era o *mundo do conquistador-colonizador*, sustentado pelo sangue e pela carne dos indígenas. Nessa época, o defensor do conquistador era João Ginés de Sepúlveda (1540-1573) e o defensor dos indígenas era Bartolomeu de Las Casas (1484-1522).

Sepúlveda tinha vasta cultura e notável intelectualidade. Junto ao cardeal Cajetano, ocupava-se dos textos gregos do Novo Testamento. Ele era um eminente mestre da historiografia de seu tempo e grande conhecedor de Aristóteles, filósofo no qual sustentou a tese de que os indígenas não eram humanos como o eram os europeus. Las Casas, por sua vez, formou-se em Direito em 1502, mesmo ano em que se tornou frei com o objetivo de ser catequista nas Índias. Mais tarde, em 1507, foi ordenado padre e participou do regime de encomendas (aqui, no sentido de confiar), que dava direitos aos espanhóis sobre os índios, que podiam usá-los como queriam (por exemplo, mão de obra para trabalho agrícola e extração de ouro), desde que os educassem segundo a tradição cristã. Em 1511, Las Casas ouviu o sermão do frei dominicano Antônio de Montesinos:

> *Com que direito haveis desencadeado uma guerra atroz contra essas gentes que viviam pacificamente em seu próprio país? Por que os deixais em semelhante estado de extenuação? Os matais a exigir que vos tragam diariamente seu ouro. Acaso não são eles homens? Acaso não possuem razão e alma? Não é vossa obrigação amá-los como a vós próprios? Podeis estar certos que, nessas condições, não tereis maiores possibilidades de salvação do que um mouro ou um turco. (LAS CASAS, 1985, p. 14)*

**Ordem racional:** A tradição filosófica grega caracterizava a filosofia como expressão da razão – *logos*, discurso racional e coerente, propriamente o pensamento expresso e debatido passo a passo. Assim também podemos caracterizar o debate entre Sepúlveda e Las Casas, mediado pelo juiz Francisco de Vitória, considerado uma das mentes mais brilhantes de sua época (é justamente ele quem dá o veredicto final). Queremos dizer que esse debate sobre a humanidade dos indígenas é de natureza filosófica.

Las Casas, então, ficou incomodado com a própria postura de europeu e encomendeiro e mudou, passando a defender os indígenas no Tribunal de Valladolid diante de Sepúlveda. Essa é a postura do filósofo que, uma vez compreendendo a verdade do que vive, muda e engaja-se em uma nova prática, fundamentando isso com ideias e conceitos. As reuniões do Tribunal de Valladolid, promovidas pela imponente figura moral e política da época, a Igreja católica, ressaltavam a natureza filosófica do embate, ou seja, uma busca por fundamentos de ordem racional. Nesse tribunal, o discurso de Sepúlveda fazia referência à "lei natural" que fundamentava, segundo ele, a servidão de um povo sobre o outro.

### Justificativa da escravidão – Dr. Sepúlveda

*[...] é por isso que as feras são domadas e submetidas ao império do homem. Por essa razão, o homem manda na mulher, o adulto na criança, o pai, no filho: isso quer dizer que os mais poderosos e os perfeitos dominam os mais fracos e os mais imperfeitos. Constata-se essa mesma situação entre os homens; pois há os que, por natureza, são senhores e os que, por natureza, são servos. Os que ultrapassam os outros pela prudência e pela razão, mesmo que não os dominem pela força física, são, pela própria natureza, os senhores; por outro lado, os preguiçosos, os espíritos lentos, mesmo quando têm a força física para realizar todas as tarefas necessárias, são, por natureza, servos. E é justo e útil que sejam servos, e vemos que isso pela própria lei divina. Pois está escrito no livro dos provérbios: 'O tolo servirá ao sábio'. Assim são as nações bárbaras e desumanas, estranhas à vida civil e aos costumes pacíficos. E sempre será justo e de acordo com o direito natural que essas pessoas sejam submetidas ao império de príncipes e de nações mais cultivadas e humanas, de modo que, graças à virtude dos últimos e à prudência de suas leis, eles abandonam a barbárie e se adaptam a uma vida mais humana e ao culto da virtude. E se recusam esse império, é permissível impô-lo por meio das armas e tal guerra será justa, assim como o declara o direito natural [...] Concluindo: é justo, normal e de acordo com a lei natural que todos os homens probos, inteligentes, virtuosos e humanos dominem todos os que não possuem essas virtudes (LAS CASAS, 1985, p. 23).*

Essa ideia do "homem europeu" como expressão do "homem virtuoso", designado como comandante "natural", baseia-se em Aristóteles, como vemos no trecho a seguir:

*Entre os sexos também o macho é por natureza superior e a fêmea inferior; aquele domina e esta é dominada; o mesmo se aplica necessariamente a todo gênero humano; portanto, todos os homens que diferem entre si para pior no mesmo grau em que a alma difere do corpo e o ser humano difere de um animal inferior (e esta é a condição daquele cuja função é usar o corpo e que nada melhor podem fazer); são naturalmente escravos, e para eles é melhor ser sujeitos à autoridade de um senhor, tanto quanto o é para os seres já mencionados. É um escravo por natureza quem é suscetível de pertencer a outrem (e por isso é de outrem), e participa da razão somente até o ponto de aprender esta participação, mas não a usa além deste ponto (ARISTÓTELES, 1985, p. 12).*

**Dr. Sepúlveda:** Quanto aos demais depoimentos e argumentos de Sepúlveda, não temos muitas fontes que os viabilizem para uma ampla visão de todo o discurso. Temos comentadores que, por conta da disputa com Las Casas, acabam por comentar suas afirmações.

Podemos iniciar a discussão com os alunos a partir das seguintes perguntas: quais são os argumentos de Sepúlveda? De que modo esses argumentos fundamentam-se em Aristóteles? Até que ponto os argumentos de Sepúlveda podem ser aplicados ao contexto de seu tempo, contexto dominado pela Igreja católica romana e pelo ímpeto de conquista dos espanhóis e portugueses? Entendendo tais argumentos, podemos justificar a escravidão dos indígenas na América Latina, incluindo o Brasil?

A seguir, apresentamos a oposição à escravidão dos indígenas feita por Las Casas:

> *[...] nenhum cristão pode lícita e honestamente confirmar e defender a autoridade que se diz apostólica nem a dominação de um rei cristão com guerras injustas, cobrindo montanhas e campos de sangue inocente, com infâmia e blasfêmia para Jesus Cristo e a fé. Senão que ao contrário isso constitui uma difamação da Sé Apostólica que assim vê sua autoridade diminuída e o verdadeiro Deus desonrado, tornando-se o verdadeiro título e direito dos reis de Castela, nulo; é cousa que facilmente poderá ver qualquer homem sábio e cristão nos próprios argumentos apresentados pelo doutor Sepúlveda. Esse título e direito não se funda na ação de entrar nesses países e contra esses índios para roubá-los, matá-los e tiranizá-los com a desculpa de pregar a fé, tal como ali entraram e fizeram os tiranos que destruíram por matança e massacre universal tão grande multidão de inocentes. Esse título consiste ao contrário numa pacífica, dócil e amável pregação do Evangelho e na introdução e fundação não fingida da fé e do reino de Jesus Cristo.*

> *[...]*

> *O que podemos dizer dos índios na verdade é que foram os espanhóis que sacrificaram desde todos os tempos à sua deusa Avareza um número muito maior de índios por ano; porque o número de índios que sacrificaram a essa deusa por eles tão amada e adorada é tal, que os índios nunca sacrificaram tantos nem em cem anos. O que os céus, a terra, os elementos e as pedras testemunham e gritam e o que os próprios tiranos que perpetraram todos esses males não o negam de maneira alguma, é que esses países eram mui abundantes em povo quando ali entramos e que agora estão destruídos e desolados [...] Os índios não devoram os bens de ninguém, não injuriam, não atormentam, não oprimem, não matam ninguém*

*e veem que os espanhóis cometem todos os pecados, todos os males, todas as iniquidades e todas as deslealdades que possam ser cometidas contra toda e qualquer justiça.*

*[...]*

*O principado adquirido pela força das armas, ou contrário à vontade de seus súditos, é tirânico, violento e nunca perpétuo, como fica claro no terceiro livro da* Política *(de Aristóteles). O governo tirânico é o pior de todos os governos políticos, como aparece no oitavo livro da* Ética *(de Aristóteles). Mas o governo que os povos, graciosamente, por vontade própria, sem coação alguma, medo ou imposição violenta, entregam a alguém para que reine sendo desejado pelos súditos, certamente é reconhecido como régio, natural, justo, virtuoso e ótimo. Onde se conclui que, se todas as nações do mundo, ou muitos de seus reinos, tornassem alguém, voluntariamente, senhor ou rei, esse monarca seria o melhor de todos, segundo todos os filósofos e doutores católicos, aparecendo, também, em muitas passagens de Santo Tomás, como no capítulo III, e aparecerá, talvez, com a maior extensão, no livro seguinte. Portanto, a melhor qualidade de um governo consiste em ter sido construído para o bem comum dos súditos e não para a utilidade e glória do governante, a não ser, no máximo, como uma consequência secundária, como demonstra o Filósofo, no $8^{\underline{o}}$ livro da* Ética *e no $5^{\underline{o}}$ da* Política. *[...] Desde o começo do gênero humano, todos os homens, todas as terras e todas coisas, pelo primitivo direito natural e das gentes, foram livres e alodiais, isto é, gozando de toda franquia, sem estar sujeitas a qualquer servidão. No que toca aos seres humanos, tal prerrogativa se demonstra porque nascem livres, como consequência de sua natureza racional. Como têm todos a mesma natureza, Deus não faz um servo do outro, mas concede a todos o mesmo livre-arbítrio. E a razão disso, segundo Santo Tomás, é que a natureza racional, como é* per se, *não está ordenada a outra que seja seu fim, como tampouco um homem está ordenado a outro, porque a liberdade é um direito ínsito no homem por necessidade e* per se, *como consequência da natureza racional, e por isto é direito natura* (LAS CASAS, 1985, p. 55-79).

A discussão desse texto pode ser iniciada a partir das seguintes perguntas: quais são os argumentos de Las Casas? De que modo os argumentos de Las Casas fundamentam-se em Aristóteles? De que maneira esses argumentos contrapõem-se aos argumentos de

**Confederação de povos livres:**
Quanto à confederação de povos livres, Las Casas pensava em um processo alternativo em torno de unidades sociais e religiosas, o que chamou "comunidades".

**Bondy:** Augusto Salazar Bondy nasceu em Lima (Peru), em 1925, e foi irmão de Sebastián Salazar Bondy. Estudou Filosofia na Faculdade de Letras da Universidade de San Marcos, depois viajou aos Estados Unidos e à Europa para especializar-se. Cursou mestrado em Paris e, na Alemanha, realizou vários seminários. Contribuiu para o campo da ética, da educação e da política. Foi um filósofo de destaque no Peru, sendo nomeado catedrático principal e exclusivo da Faculdade de Educação da Universidade San Marcos, em 1963; também foi Delegado da Faculdade de Educação, integrando o Conselho da Escola Preparatória dessa mesma universidade. Em 1968, durante a ditadura de Juan Velasco Alvarado, estando no Ministério da Educação, assumiu a difícil tarefa de conduzir a reforma do ensino no Peru. Quando estava no auge de sua produção, faleceu subitamente em Lima, em 1974, deixando inédita as obras *Las ideas del saber* e *Dios en el pensamiento de Hipolito Unánue*. Seu pensamento de caráter filosófico-político, »»

Sepúlveda? Entendendo os argumentos de Las Casas, podemos afirmar a liberdade dos indígenas e de sua humanidade?

O intento de Las Casas era elaborar um "direito universal" de caráter "natural e divino", construindo uma "confederação de povos livres". Porém, o resultado foi a instauração de um "direito hispano-indiano" e a expansão de um "império hispano-americano" (JOSAPHAT, 2005, p. 71). Em 1556, foi proibido oficialmente o uso dos termos "conquista" e "conquistadores". Em seu lugar, deveriam ser utilizados os termos "descobrimento" e "colonos". Após toda a discussão, apenas os termos mudaram, mas não a fundamentação nem a visão de mundo.

Diante do exposto, propomos uma reflexão final: que ligações podemos fazer com a realidade atual? Quem são os "humanos" que têm a humanidade negada ou subjugada?

## 9.2 O PENSAMENTO LATINO-AMERICANO É INAUTÊNTICO

Segundo Bondy, o pensamento na América Latina possui características de uma árvore transplantada. Com esse termo, o autor quer dizer que nosso pensamento é determinado por um externo, que veio da Europa, estranho à vida dos povos deste continente, já que não está apoiado em nenhuma base histórica nem no espírito próprio. O pensamento da árvore transplantada trouxe consequências. Uma das consequências foi o "sentido imitativo da reflexão" filosófica latino-americana. Isso se deu porque ela foi pensada de acordo com em modelos teóricos já prontos, definidos. Por tempos, fazer filosofia foi adotar um "ismo estrangeiro" e repetir com mais ou menos fidelidade as obras europeias de cada época (BONDY, 1969, p. 39). Assim, o pensamento latino-americano recebeu toda e qualquer filosofia sem compreender que significados possuía para a realidade intelectual, social e política. Isso resultou em uma reflexão superficial e sem metodologia. Havia ideias próprias, originais, a serem incorporadas ao pensamento mundial, porém, os mais ilustres professores foram expositores da filosofia e não filósofos. Ficou, então, um sentimento de frustração intelectual entre os cultivadores da filosofia na América Latina. Dessa forma, surgiu o distanciamento entre praticantes da filosofia e a comunidade, pois o pensamento não ressoava nos setores populares, ou seja, as comunidades não se reconheciam no pensamento filosófico. A América Latina era e continua sendo o que a Europa pensa.

O que existe na América Latina é inautencidade e alienação. Com inautencidade, queremos dizer a falta de produção intelectual própria, a partir de si mesmo, criando uma falsificação do pensamento, isto é, comentário do comentário. A alienação se dá no sentido de sermos guiados por um pensamento estranho a nós e a nossa realidade, gerando estranheza com nossa própria realidade histórica. Política e socialmente, a alienação da consciência e a inautenticidade do pensamento contribuem para a dependência e a dominação de um país ou de uma cultura sobre a outra.

Bondy elabora oito teses acerca da inautenticidade do pensamento latino-americano, como vemos no trecho a seguir:

> *1) um pensamento inautêntico e imitativo; 2) a causa é a alienação decorrente da condição de dependentes e dominados; 3) vida alienada produz um pensamento alienante, defeituoso; 4) um pensamento que mascara a realidade e a construção e fundamenta as divisões entre os países; 5) o pensamento original e autêntico só é alcançável mediante uma transformação sociocultural que cancele o subdesenvolvimento e a dominação; 6) o pensamento autêntico e original será analítico e crítico, aquele de uma sociedade autêntica e criadora, tanto mais alta quanto o desenvolvimento da comunidade hispano-americana, mas pode começar a sê-lo, se exercer um papel negador de sua condição, como consciência de transformação histórica; 7) um pensamento vigilante para não se deixar alienar; e 8) os países do Terceiro Mundo necessitam "forjar" sua própria filosofia em contraste com as concepções que fundamentam a dominação e a dependência (BONDY, 1969, p.131-133).*

A partir disso, podemos levantar questões, como: essas oito teses podem ser afirmadas do pensamento brasileiro e de sua cultura? Partindo de uma análise atual de países da América Latina, incluindo o Brasil, com a finalidade de perceber se as ideias de Bondy condizem com a realidade intelectual, social e política, podemos perguntar como é possível superar essa realidade? Faça uma discussão em sala com os alunos.

## 9.3 FAZER FILOSOFIA: ASSUMIR E PENSAR A PRÓPRIA EXISTÊNCIA HISTÓRICA

Após entendermos a realidade elencada por Bondy, o que podemos fazer? Leopoldo Zea, um filósofo, em sua obra *A filosofia americana como filosofia*, dá uma proposta: criar uma nova filosofia para conhecer a realidade mais profunda que faz do homem um Homem. Ele afirma:

»» mostrou que a vida contemporânea no Terceiro Mundo caracterizava-se pelo império de relações que combinavam a dependência e a dominação, sendo a causa o subdesenvolvimento. Na maioria dos casos, a dependência é mútua. Já a relação de dominação coloca um país com poder para decidir sobre o curso dos acontecimentos do outro, o que implica submetimento. Como consequência negativa está uma sociedade alienada, cujos integrantes não definem suas próprias regras de conduta coletiva (Disponível em: <www.diccionariobiograficoecuador.com/tomos/tomo12/s1.htm>. Acesso em: 21 abr. 2015).

**Leopoldo Zea:** Leopoldo Zea (1912-2004) foi o pensador mais importante do México no século XX. Suas contribuições para filosofia, antropologia e história ultrapassaram as fronteiras nacionais e fizeram dele um pensador latino-americano de dimensão universal. Foi o principal representante do grupo de pensadores mexicanos "americanistas", assim chamado por se ocupar do problema da América Latina, de seu lugar na história da cultura universal e do pensamento americano como alternativa ao pensamento mundial. As principais obras de Zea são: *El positivismo en México* (1943); »»

»» Apogeo y decadencia del Positivismo en México (1944); Entorno a una filosofía americana (1946); La filosofía como compromiso y otros ensayos (1952); América como conciencia (1953); La Filosofía en México (1955); América en la historia (1957 – obra chave, traduzida para muitas línguas); Dos ensayos (1960); El pensamiento latinoamericano (1965); América Latina y el mundo (1965); Latinoamérica en la formación de nuestro tiempo (1965); La filosofía americana como filosofía sin más (1969 – obra que pode ser considerada uma síntese do pensamento de Zea); Dependencia y liberación en la cultura latinoamericana (1974); Filosofía de la historia americana (1978); Filosofía Latinoamericana (1987); Discurso desde la marginación y la barbarie (1988).

*Uma filosofia que nos faça conscientes de nossa situação como homens entre homens, como povos entre povos. Uma filosofia que nos mostre como essa ciência rigorosa, essa lógica precisa, essa técnica nela originada, pode também estar a nosso serviço; pode, também, oferecer-nos o confronto, o modo de vida, que já se faz possível entre outros povos. Ademais, é algo instrumental, um instrumento a serviço do homem, mas do homem que primeiro haverá de encontrar-se, expressar-se e afirmar-se. Ainda que este encontro, expressão e afirmação tropece com a vontade de outros homens empenhados não tanto em fazer da natureza um instrumento apenas para o homem em si, mas para os outros (ZEA, 1993, p. 67).*

Para Zea, é necessário um filosofar não sistemático, cheio de termos complexos. Não se deve justapor conceitos dentro de um sistema de pensamento que se fecha em si mesmo, mas sim filosofar, pura e simplesmente filosofar, para resolver nossos problemas, os problemas do homem em determinada circunstância, própria de todo homem, para que a partir de nossas reflexões ofereçamos não uma filosofia original, pois esta ocorrerá naturalmente, mas sim nossa contribuição a uma tarefa que já é comum a todos os homens e, por conseguinte, a todos os povos, a partir do nosso e sem nenhuma discriminação (ZEA, 1993, p. 83).

Todo desenrolar histórico implica limitações da compreensão ou da tomada de consciência do que se passa. Desse modo, talvez seja por isso que esse autor destaca:

*Haverá que esperar um longo tempo para que o latino-americano tome consciência desta situação; a de que é sua vontade, uma vontade atuando numa determinada situação, aquela que origina as transformações de sua realidade, e a que dá inclusive um sentido à filosofia importada. Uma filosofia que, queria-se ou não, adaptar-se a essa situação e vontade (ZEA, 1993, p. 89).*

A proposta de Zea é fazer reflexões de cunho historicista, com Ortega y Gasset, e de cunho existencialista, com Heidegger e Sartre, por exemplo. Assim, o homem ocidental desce do pedestal e depara com a realidade de ser homem entre homens. É preciso pensar o que fazer diante do fato de que o latino-americano faz sua filosofia a partir dos problemas. O latino-americano, o africano e o asiático eram tidos como parte da fauna e da flora, mas agora são eles que põem em dúvida a própria humanidade ocidental, por causa de sua falta de humanismo em relação ao outro. Quando o ocidental trata o outro como objeto, peca contra sua própria humanidade, porque não sabe respeitar a humanidade do outro. O homem ocidental, um homem alienado, um instrumento de seus próprios instrumentos, renuncia, assim, a sua humanidade quando nega a do outro.

Diante da crise de nosso tempo, a filosofia está em uma encruzilhada entre o compromisso e a indiferença, entre assumir uma ação precursora e profética que ajude a lançar luz sobre as sombras e ficar ilhada no mundo das ideias, no *topos ouranios* de Platão, contemplando imperturbável e alheia desse lugar a-histórico o drama do homem, eterno Hamlet, ante seu ser ou não ser (CALDEIRA, 1985, p. 15).

Para tanto, é preciso libertar-se, construir uma filosofia da libertação, que consiste na tomada de consciência da opressão e da alienação. Antes de ser sistematizada no âmbito teórico, a libertação já está articulada com a prática. Não é uma teoria que nasce de uma reflexão meramente racional e abstrata, mas sim fruto de um contexto histórico concreto de um continente que se encontra dominado e negado. Uma vez tendo consciência da vida alienada e oprimida, é necessário usar o potencial criativo universal, que não se restringe apenas à América Latina.

O importante na América Latina é criar um novo homem que é, na verdade, o resgate do verdadeiro homem, que tem sua humanidade negada pelo poder opressor. Esse homem deve ser o filósofo da prática e da compreensão de sua existência histórica. Precisa saber o que é, assumir-se como homem entre homens, fazedor de seu próprio destino, que aprende com a história da região, do país e do povo a que pertence. Dessa forma, o "que importa é não ser um mero conhecedor de filosofia, mas um filósofo no sentido de buscar compreender o real concreto, situado, a partir de princípios racionais" (VIEIRA, 1991, p. 140).

Para Zea, nas décadas de 1980 e 1990, as filosofias europeias que podiam ajudar a filosofar sobre a existência histórica eram o historicismo e o existencialismo.

O historicismo, representado por José Ortega y Gasset (1883-1955), aponta para uma leitura da realidade que é sempre feita pelo sujeito em determinada circunstância, ou seja, refletir sobre certo elemento é pensá-lo nas diversas relações que mantém e constitui suas características. Pensar a identidade de um povo é pensá-lo dentro de uma situação concreta com todos os seus matizes formadores. Pensar sobre a liberdade, enquanto característica humana, é refletir o homem inserido em uma realidade específica que compõe esse conceito e sua concepção sobre ele.

O existencialismo, representado por Jean-Paul Sartre (1905-1980), contribuiu fortemente para a filosofia latino-americana, pois em seu bojo trouxe a necessidade da autenticidade dentro das possibilidades de escolha. Também reforçou a urgência de um projeto a partir de si, que não maquiasse a si mesmo nem produzisse enganos. Relembrou, ainda, que é preciso assumir sua própria situação como uma responsabilidade. A reflexão sartreana, por exemplo, conduz a um assumir a si mesmo. Ser não autêntico é manter "determinados projetos de fuga da responsabilidade por suas situações atuais ou erros passados, recusando, em má-fé, a admitir que são responsáveis" (COX, 2007, p. 173). Ser autêntico, portanto, é tomar para si a responsabilidade diante do que se é e conduzir-se, sabendo que sua vida e sua história são sua responsabilidade e não de outro, de um agente externo que vai resolver as coisas.

A partir da reflexão sobre o homem proposta pelo historicismo e pelo existencialismo, sempre em uma circunstância e diante de possibilidades de escolha, sobretudo, a conduzir-se pela responsabilidade perante sua situação, convém perguntar em qual realidade ou situação histórica o homem latino-americano está inserido.

Vejamos o que Julián Marías destaca na introdução à obra *La rebelión de las masas*, de Ortega y Gasset, sobre a máxima: "Eu sou eu e minhas circunstâncias"

> *Toda vida é ser dentro da circunstância ou mundo. Porque esse é o sentido originário da ideia mundo. Mundo é o repertório de nossas possibilidades vitais. Não é, pois, algo à parte ou alheio a nossa vida, ele é nossa autêntica periferia. Representa o que podemos ser, portanto, nossa potencialidade vital. Esta potencialidade tem de concretizar-se para realizar-se ou, dito de outra maneira, chegamos a ser apenas uma parte mínima do que podemos ser. Daí que nos pareça o mundo uma coisa tão enorme, e nós, dentro dele, uma coisa tão pequena. O mundo ou nossa vida possível é sempre mais que nosso destino ou vida efetiva.*

> *[...]*

> *A vida, que é, antes de tudo, o que podemos ser, vida possível, é também e, por mínimo, decidir entre as possibilidades do*

*que vamos ser de fato. Circunstância e decisão são os elementos radicais de que se compõe a vida. A circunstância – as possibilidades – são o que de nossa vida nos é dado e imposto. Ela constitui o que chamamos de mundo. A vida não escolhe seu mundo, porque viver é encontrar-se desde cedo em um mundo determinado, este de agora. Eu sou eu e minha circunstância.*

*[...]*

*Contudo, é falso dizer que, na vida, as circunstâncias decidem. Ao contrário, as circunstâncias são o dilema sempre novo diante do qual temos que nos decidir (ORTEGA Y GASSET, 2003, p. 14-15, em tradução livre).*

Após essa leitura, podemos levantar alguns questionamentos. Neste momento, é importante criar perguntas com os alunos que os motivem a pensar nas próprias circunstâncias sociais e políticas, segundo a orientação determinada pela filosofia que o professor ou os alunos seguem. É possível fazer perguntas como: hoje, que tipo de relação existe entre você e suas circunstâncias? No Brasil, que escolhas podemos fazer para superar a alienação social em meio às circunstâncias?

## 9.4 ENRIQUE DUSSEL E A FILOSOFIA DA LIBERTAÇÃO

Para fechar este capítulo, abordamos a filosofia da libertação sistematizada por Enrique Dussel. Procuramos sugerir aos estudantes alguns desafios com análises, comparações e identificação a partir das ideias do filósofo Dussel. Não nos estendemos em questões teóricas, porque nesse caso é interessante propor aos estudantes uma pesquisa sobre a vida de Dussel. Recomendamos, para tanto, o vídeo *Enrique Dussel – Biografía intelectual*.

*Enrique Dussel – Biografía intelectual:* Disponível em: <www.youtube.com/watch?v=aqSHYoMwsrw>. Acesso em: 21 abr. 2015.

A seguir, apresentamos alguns trechos da obra de Dussel relacionados a imagens com a intenção de mobilização, de provocação filosófica.

*1.*

*Este é um ponto essencial para o nosso projeto filosófico. A Filosofia da Libertação é um contradiscurso, é uma filosofia crítica que nasce na periferia, mas tem pretensões de âmbito mundial. Ela tem consciência expressa de ser periférica, mas possui, ao mesmo tempo, pretensões de âmbito mundial. Ela enfrenta conscientemente uma filosofia europeia (tanto a pós-moderna como a moderna, tanto a do comportamento como a comunitária) que confunde e até mesmo identifica sua característica europeia concreta com o seu ignorado caráter funcional de "filosofia central" durante cinco séculos (DUSSEL, 1995, p. 96).*

**Figura 9.1** – Puño América Latina *(TLAXCALA, [20--]).*

2.

*São exatamente situações-limite as que interessam à Filosofia da Libertação (as guerras, as revoluções, os processos de libertação das mulheres, das raças oprimidas, das culturas populares, bem como dessas maiorias que se encontram em situações de não direito, dessa Periferia ou mundo colonial que, por definição, se acha subjugado por uma estrutura de opressão etc.) (DUSSEL, 1995, p. 117).*

**Figura 9.2** – *Índios peruanos.*

**Figura 9.3** – *Índios escravizados, século XIX (WIKIPÉDIA, [19--]).*

3.

*O ponto de partida é de um sofredor ("Eu estou sofrendo..."), mas enquanto oprimido [...] e que vem à tona enquanto sujeito em busca de libertação; e não partindo da sala acadêmica de uma universidade, nem tampouco pura e simplesmente enquanto disputa entre escolas filosóficas linguísticas ou analíticas. O ponto de partida é o pobre ou oprimido, que trabalha dentro de suas condições corporais de sofredor e necessitado. Por aí se vê que é prioritário e necessário estruturar a "econômica" a partir desse oprimido, a partir do sofrimento enquanto miséria [...] a que está sujeita a pessoa subjugada (momento ético) (DUSSEL, 1995, p. 127).*

**Figura 9.4** – *Monumento do Memorial da América Latina, de Oscar Niemeyer, 1988.*

*Figura 9.5* – *Protesto de trabalhadores do campo*
*(MOVIMENTO OPERÁRIO, 2014).*

*Figura 9.6* – *Mercado de Chichicastenango, Guatemala.*

4.

*Isto é essencial para nosso projeto filosófico. A Filosofia da Libertação é um contradiscurso, é uma filosofia crítica que nasce na periferia (e a partir das vítimas, dos excluídos) com pretensão de mundialidade. Tem consciência expressa de sua perifericidade e exclusão, mas ao mesmo tempo tem uma pretensão de mundialidade (DUSSEL, 2002, p. 73).*

**Figura 9.7** – *Família guarani capturada por bandeirantes, de Jean-Baptiste Debret, 1830.*

5.

*A filosofia hegemônica foi fruto do pensamento do mundo como dominação. Não tentou ser a expressão de uma experiência mundial, e muito menos dos excluídos do "sistema-mundo", mas exclusivamente regional, porém com pretensão de universalidade (quer dizer, negar a particularidade de outras culturas). Por isso, nas histórias da filosofia em uso, só se recorda [...] o mundo greco-romano; [...], muito pouco do mundo muçulmano (e nada da sabedoria do Oriente); e na modernidade, só a Europa. Até o presente, a "comunidade hegemônica filosófica" (europeu-norte--americana) não outorgou nenhum reconhecimento aos discursos filosóficos dos mundos que hoje se situam na periferia do sistema-mundo. E esse reconhecimento da dignidade de outros discursos da modernidade fora de Europa é um fato prático que a ética da libertação tenta tornar inevitável, visível, peremptório. Esse reconhecimento do discurso do outro, das vítimas oprimidas e excluídas, já é o primeiro momento do processo ético de libertação "da filosofia" (DUSSEL, 2002, p. 77).*

**Figura 9.8** – *Crianças indígenas, Guatemala.*

**Figura 9.9** – *Bandeiras dos países da América Latina.*

Após ler os textos e observar as imagens, podemos perguntar: quais relações podem ser estabelecidas entre eles? Quais são as ideias centrais dos textos?

Para Caldeira (1985), a filosofia enfrenta um momento difícil em razão da crescente subordinação da sociedade ao consumo, da ausência de sentido humano nas revoluções tecnológicas. Isso se dá pelo fato de a ciência e a técnica, muitas vezes, serem empregadas contra o homem. Esses elementos caracterizam-se como questões filosóficas e têm a libertação e a identidade como objetos essenciais a serem promovidos. Desse modo, o desafio da filosofia parece ser o mesmo proposto por Las Casas, ou seja, contribuir para que o homem liberte-se por meio de uma práxis. Isso implica recuperar a consciência da alienação e da exploração via um olhar para a realidade.

A filosofia latino-americana é assumida como uma perspectiva e uma alternativa. Ambas, perspectiva e alternativa, partem de uma situação concreta, de uma realidade histórica – a América Latina –, da qual recebem seus elementos essenciais e assumem, a partir dessa situação, os problemas universais do homem e da sociedade (CALDEIRA, 1985, p. 25). Assim, coloca-se em prática a filosofia da libertação ao afirmar uma ética da libertação a partir da realidade latino-americana dos marginalizados e vitimados. Nesse aspecto, trata-se de um filosofar que procura ver o outro como outro com identidade, modo de ser e cultura própria, assegurando a autonomia e a emancipação do viver. É uma ética que nasce do excluído, do corpo que sofre e da realidade.

Creditamos esse despontar prático a Las Casas e a Montesinos. No entanto, foi na década de 1980 o momento da construção teórica dessa perspectiva ética, sobretudo com Dussel. Seria interessante o trabalho de análise de outros filósofos latino-americanos buscando evidenciar vida e pensamentos. Isso permite que os alunos vislumbrem a riqueza intelectual da América Latina.

Voltando a Dussel, podemos observar que ele entende a ética da libertação como uma ética da vida.

*Trata-se de uma ética da vida, isto é, a vida humana é o conteúdo da ética. Por isso desejamos aqui, desde o início, advertir o leitor sobre o sentido de uma ética de conteúdo material. O projeto de uma ética da libertação entra em jogo de maneira própria a partir do exercício da crítica ética, onde se afirma a dignidade negada da vida da vítima, do oprimido ou do excluído (DUSSEL, 2002, p. 93).*

O filósofo vai defender uma ética da vida e crítica a partir das realidades das vítimas. Esse fazer filosófico demanda uma postura humilde com relação ao outro e nisso buscar a consciência crítica consolidado um método crítico libertador. Dussel ainda sugere que deixemos a palavra com a própria vítima:

> *Eu não sou dona da minha vida, decidi oferecê-la a uma causa. Podem me matar a qualquer momento, mas que seja em uma tarefa onde sei que meu sangue não será algo inútil, mas será mais um exemplo para os companheiros. O mundo onde vivo é tão criminoso, tão sanguinário, que de um momento para o outro me tira a vida. Por isso, como única alternativa, só me resta a luta... E eu sei e confio que o povo é o único capaz, somente as massas são capazes de transformar a sociedade. E não é mera teoria apenas (2002, p. 416).*

Como podemos relacionar essa fala de Rigoberta Menchú com a filosofia da libertação? Dussel aponta alguns elementos, tais como, a responsabilidade ("Eu sou dona da minha vida"); pulsão de alteridade ("podem me matar a qualquer momento"); nível pedagógico, ou seja, ética para salvar a vida do outro ("meu sangue não será algo inútil, mas será mais um exemplo para os companheiros"); juízo negativo do sistema-mundo de uma ética falida ("O mundo onde vivo é tão criminoso"); luta pela libertação ("como única alternativa, só me resta a luta"); despontar do sujeito histórico libertador ("são capazes de transformar a sociedade") e uma teoria prática surgida da práxis, isto é, uma libertação integral do real ("E não é mera teoria apenas"). Essa análise pode ser feita com os alunos para demonstrar os elementos fundantes da filosofia da libertação e sua ética da libertação nascida das vítimas e encarnada nelas. Assim, a transformação passa pela transformação das vítimas.

O princípio-libertação, por sua vez:

> *[...] enuncia o dever-ser que obriga eticamente a realizar a dita transformação, exigência que é cumprida pela própria comunidade de vítimas, sob sua responsabilidade, e que origina, prático-materialmente, como normatividade a partir da existência de um certo poder ou capacidade (o ser) na dita vítima. Porque há vítimas com uma certa capacidade de transformação, pode-se e deve-se lutar para negar a negação anti-humana da dor das vítimas, intolerável para uma consciência ético-crítica (DUSSEL, 2002, p. 559).*

Não se trata de uma filosofia ética assistencialista, pelo contrário, ela é libertadora, pois afirma a autonomia do ser do outro e luta pela valorização identitária, social e política do outro como outro. A conscientização demanda um processo que Paulo Freire vai chamar "pedagogia da libertação do oprimido", que se dá por meio da dialogicidade, isto é, método que permite a prática da liberdade aos não livres. Ainda de acordo com Dussel, a "conscientização continua o seu processo e se vai desenvolvendo como um movimento de radicalização crescente" (DUSSEL, 2002, p. 441).

A filosofia da libertação, com sua ética, visa ao libertar das vítimas. Seria interessante perguntar aos alunos o que entendem por libertar. Eles também poderiam elaborar pequenos parágrafos com a definição de libertar. Em seguida, uma roda de diálogo filosófico sobre as produções poderia ser aberta em sala. Posteriormente, sugerimos desenvolver a ideia proposta por Dussel no trecho a seguir:

> *Libertar não é só quebrar as cadeias (o momento negativo descrito), mas "desenvolver" (libertar no sentido de dar possibilidade positiva) a vida humana ao exigir que as instituições, o sistema, abram novos horizontes que transcendam à mera reprodução como repetição de "o Mesmo" – e, simultaneamente, expressão e exclusão de vítimas. Ou é diretamente, construir efetivamente a utopia possível, as estruturas ou instituições do sistema onde a vítima possa viver, e "viver bem" (a nova "vida boa"); é tornar livre o escravo; é culminar o "processo" da libertação como ação que chega à liberdade efetiva do anteriormente oprimido. É um "libertar para" o novum, o êxito alcançado, a utopia realizada (DUSSEL, 2002, p. 566).*

Ao ler esse trecho com os alunos, podem ser estabelecidas comparações com os textos já produzidos anteriormente. A partir dessa dinâmica, também é possível solicitar a compreensão escrita do texto e das relações estabelecidas.

Outra possibilidade de abordagem da filosofia da libertação é pelos temas, segundo Dussel (1995, p. 67-69), próprios do filosofar latino-americano, a saber: luta em defesa de direitos étnicos iguais; libertação feminina; dominação do trabalhador assalariado; ecologia; eurocentrismo cultural; distância entre a riqueza do capitalismo central do Norte e a crescente miséria do capitalismo periférico do Sul. É possível desenvolver, em grupos, a análise de cada um desses temas em forma de seminários (cafés filosóficos – com músicas, vídeos, poesias etc.), promovendo grande mobilização da aprendizagem e, sobretudo, formação de uma consciência crítica.

Para sistematizar os seminários faça uso deste texto sugerido:

*[...] em uma sociedade histórica possível mais justa. É o "excluído", que surge de uma espécie de nada para criar uma nova fase da história dessa "comunidade". Irrompe, então, não apenas como o excluído da argumentação, atingido sem ser-parte, mas também como excluído da vida, da produção e do consumo, na miséria, na pobreza, na fome, esperando a morte iminente. Este é o tema que nos fere com angústia cotidiana da morte próxima e possível para a maioria da humanidade de atual, para a América Latina, para a África e para a Ásia. Este é o tema da filosofia vigente no mundo da periferia, isto é, no "Sul"; é o tema da Filosofia da Libertação, libertação da exclusão, da miséria, da opressão: este é o fundamento (Grund), "a razão (Vernunft) do Outro", que tem o direito de apresentar as suas razões. Não existe libertação sem racionalidade; mas, também, não existe racionalidade crítica sem que se acolha a "interpelação" do excluído, pois, do contrário, ela seria, embora inadvertidamente, apenas uma racionalidade de dominação. Ao concluirmos, vem-nos à lembrança aquela reflexão ética tirada da tradição dos beduínos dos desertos do Oriente Médio: "Fala o rico, e muitos o aprovam e acham eloquente o seu falar sem sentido; [...] Fala o pobre acertadamente, e não fazem caso dele; fala o rico, e o escutam em silêncio, elevando até as nuvens o seu talento; fala o pobre, e dizem: quem será este?; e, se ele tropeça, o empurram"* (DUSSEL, 1995, p. 78).

Após a leitura do texto, destaque os elementos estudados na teoria de Dussel.

## PARA FINALIZAR

Para concluir, sugerimos que os alunos sejam estimulados a pesquisar mais sobre a filosofia latino-americana e também sobre a africana. Em um artigo publicado na revista *Filosofia Ciência e Vida*, com o título "O tabu da filosofia", o professor Renato Nogueira faz uma provocação destacando os seguintes pontos:

1. Há um preconceito na filosofia que impede o olhar para o outro. Nesse caso, há o desvio do olhar e do fazer filosófico das periferias, sobretudo a africana e a latino-americana.

2. A colonização europeia não se limitava ao aspecto geográfico e cultural. Há uma colonização do pensar e do proble-

matizar no sentido de que os grandes temas filosóficos são postos a partir do *ethos* europeu e estadunidense.

3. Existe um racismo epistêmico, uma recusa da validade do filosofar, chamado "epistemicídio", dominação intelectual.

4. Existem várias maneiras de fazer filosofia, logo não há apenas a ocidental-europeia. A filosofia é pluriversal.

## REFERÊNCIAS BIBLIOGRÁFICAS

ARISTÓTELES. **Política**. Tradução Mario da Gama Kury. Brasília, DF: UnB, 1985.

BONDY, Augusto Salazar. **¿Existe una filosofía de nuestra América?** Ciudad de México, DF: Siglo Veintiuno, 1969.

CALDEIRA, Alejandro Serrano. **Filosofia e crise**: pela filosofia latino-americana. Tradução de Orlando Reis. 2. ed. Petrópolis: Vozes, 1985.

DUSSEL, Enrique. **Ética da libertação na idade da globalização e da exclusão**. Tradução de Ephraim F. Alves, Jaime A. Clasen e Lúcia M. E. Orth. 2. ed. Petrópolis: Vozes, 2002.

_____. **Filosofia da libertação**: crítica a ideologia da exclusão. Tradução de Georges I. Maissiat. São Paulo: Paulus, 1995.

JOSAPHAT, Carlos. **Las Casas:** Deus no outro, no social e na luta. São Paulo: Paulus, 2005.

LAS CASAS, Frei Bartolomeu de. **Brevíssima relação da destruição das Índias**: o paraíso destruído: a sangrenta história da conquista da América espanhola. Tradução de Heraldo Barbuy. 3. ed. Porto Alegre: Editora L&PM, 1985.

MOVIMENTO OPERÁRIO. **Membros do MST**. 2014. 1 fotografia. Disponível em: <http://movimentooperario3c.blogspot.com.br/>. Acesso em: 20 jun. 2016.

ORTEGA Y GASSET, José. **La rebelión de las masas**. Madri: Tecnos, 2003.

TLAXCALA. **Gal_3286.jpg**. [20--?]. 1 figura, color. Disponível em: <www.tlaxcala.es/images/gal_3286.jpg>. Acesso em: 20 jun. 2016.

VIEIRA, A. Rufino. Possibilidade e sentido da filosofia da libertação. **Revista Reflexão**, Campinas, n. 50, p. 140, 1991.

WIKIPÉDIA. **Índios brasileiros escravizados**. [19--]. 1 fotografia. Disponível em: <pt.wikipedia.org/wiki/Ficheiro:%C3%8Dndios_escravizados,_s%C3%A9culo_XIX.jpg>. Acesso em: 20 jun. 2016.

ZEA, Leopoldo. **A filosofia americana como filosofia**. Tradução de Werner Altmann. São Paulo: Pensieri, 1993.

## Sugestões de leitura

CESAR, Constança Marcondes. **Filosofia na América Latina**. São Paulo: Paulinas, 1988.

CIAMPA, Antônio da Costa. **A estória do Severino e a estória da Severina**. São Paulo: Brasiliense, 2005.

GALEANO, Eduardo. **As veias abertas da América Latina**. Tradução de Galeno de Freitas. 16. ed. Rio de Janeiro: Paz e Terra, 1983.

PANSARELLI, Daniel. **Filosofia latino-americana a partir de Enrique Dussel**. Santo André: Universidade Federal do ABC, 2013.

TODOROV, Tzvetan. **A conquista da América**: a questão do outro. 2. ed. São Paulo: Martins Fontes,1988.

# 10

# A filosofia e as questões contemporâneas

Em capítulo anterior, tratamos da proposta do filósofo Daniel Dennett de construir um computador que sentisse dor. Dennett simula a criação de um robô e lhe dá o programa de descrição que o faz sentir dor. Estamos, assim, no campo dos sentidos e não da aparência. Um cético, entretanto, vai objetar por mais verossimilhança na forma da dor sentida. Contudo, os efeitos colaterais causados por uma dor latejante da qual o programa se queixa podem não representar necessariamente esse tipo de dor, ou melhor, chamá-la assim não quer dizer que realmente é. O que procura o cético é uma síntese da dor real. Para Dennett, a "síntese da dor real em uma máquina tenderia a confirmar que, nós, seres humanos somos apenas supostas máquinas como argumenta o materialista" (DENNETT, 2006 p. 268). Afinal, somos máquinas ou seres humanos?

Encontrar essa síntese seria, em última instância, deparar com a teoria a que Thomas Nagel se refere ao estudar a consciência do problema mente e corpo. Porém, se tal síntese fosse possível agora, não conjecturaríamos o caráter subjetivo das experiências. Ou seja, talvez um robô não possa simular o efeito colateral de uma dor quando causada em algum ambiente público, por exemplo, como fazemos quando não queremos incomodar a ordem em algum recinto. A síntese de uma dor, como quer o cético, supõe que realmente somos máquinas. Portanto, Dennett apresenta-nos alguns argumentos acerca da impossibilidade de um computador sentir dor.

Thomas Nagel: O professor e filósofo estadunidense Thomas Nagel publicou, em 1974, um texto que se tornou clássico. Nagel tratou de um problema central em filosofia: o problema mente-corpo e a qualidade das experiências que temos e das quais nós somos conscientes. Nesse artigo, o filósofo elaborou uma analogia com o morcego para explicar a maneira pela qual a experiência ficava enfraquecida quando concebida em terceira pessoa, caso geral da ciência da consciência.

## 10.1 A DIALÉTICA CONTEMPORÂNEA

Em primeiro lugar, o fato de não podermos sintetizar a dor real está intimamente ligado à circunstância de que, possivelmente, nós a consideremos um fenômeno biológico. Dessa forma, ela está ligada de maneira inseparável à vida e, no caso do homem, às relações sociais. Em segundo lugar, nosso conceito de dor é inseparável de nossas intuições éticas. Isso nos leva a considerar que a impossibilidade de fazermos um computador sentir dor vem do fato que nosso conceito de dor não é puramente psicológico, mas também ético, social e paroquial. Essas questões contextuais podem ser exploradas para que possamos pensar um pouco mais além, embora o filósofo tenha sempre em vista as possíveis objeções que um cético pode fazer a cada proposta. Essa forma de exposição dialética visa à explanação quase tópica de argumentos filosóficos.

Observamos que os debates filosóficos na contemporaneidade não abandonam temas tradicionais como existência, conhecimento, verdade, valores morais e éticos, mente e corpo, linguagem etc. No entanto, devemos notar também que outras questões suscitam esses temas e problemas, aparentemente novos, que ativam a dialética contemporânea. Nas aulas de Filosofia, podemos colocar questões atuais sem perder o foco da atividade filosófica que visa a abordar esses problemas por um viés questionador.

**Figura 10.1** – O pensador, *de Auguste Rodin, representação clássica de um homem imerso em pensamentos.*

São inúmeras as problemáticas contemporâneas sobre as quais a filosofia pode se debruçar. Tomemos uma como exemplo. Quando abrimos a tela do computador e entramos em qualquer site ou rede social, somos bombardeados por centenas de publicidades. Elas aprecem sem nossa autorização e em ritmo desenfreado. Será que esse fenômeno poderia abrir um debate filosófico? Tentemos discutir isso nas aulas de Filosofia com os alunos. A internet é considerada por muitos uma mídia democrática não só pelo acesso como também pelo seu conteúdo e, por conseguinte, por ser um lugar virtual de liberdade de expressão.

Pensemos quanto ao acesso. Quantas pessoas no Brasil têm acesso à rede mundial e em que lugares esses acessos são mais abrangentes? E quanto ao conteúdo, será que realmente encontramos tudo na internet? Será que estamos seguros ao compartilhar e receber esses conteúdos? O Marco Civil, que amplia e regulamenta os direitos e a privacidade dos usuários da internet, segundo a ONU, deve reduzir o abismo digital. Mas esse abismo digital não é consequência dos abismos sociais, culturais, econômicos, políticos etc.?

E, finalmente, o que seria liberdade de expressão na internet? Seriam liberdade de expressão (cara à democracia) os ataques racistas e xenófobos vinculados na rede? E o que dizer se a repercussão desses fatos aparecesse repleta de propagandas?

## 10.2 CULTURA DE MASSA E INDÚSTRIA CULTURAL

A indústria cultural nasceu do ventre da cultura de massa e esta, por sua vez, segue desordenadamente em direção ao mercado de consumo, que dita as regras do que vai ser consumido. Nos bastidores, há uma organização bem afinada de pessoas em busca de expansão para seus produtos. Essas pessoas jogam as regras e as mudam conforme a situação econômica e política do país, do estado, da cidade, da comunidade etc. O termo "indústria" é bem sugestivo, pois indica que a cultura que consumimos surge por meio de uma produção cuja distribuição ficaria a cargo das mídias (televisão, rádio, revistas, jornais, internet).

O divisor de águas do século XX talvez tenha sido a internet. Com a possibilidade de encontrarmos na rede canções, filmes, documentários, livros que podemos "baixar", a relação entre o público e os artistas passou a ser mediada pela midiatização da cultura, dando a impressão de que a cultura nasceria no cerne midiático. Todos já ouvimos aquela história de que algum "artista" é "bom" por que apareceu na televisão.

**Marco Civil:** O Marco Civil da internet traz em seus dispositivos a garantia à defesa dos consumidores que usam a rede para adquirir produtos e serviços. Regula a comercialização das empresas que utilizam a rede mundial de computadores como meio de comércio, assegurando o regime de livre-iniciativa, bem como a livre concorrência. Também rege os serviços prestados pelos provedores de internet, estipulando o fornecimento com segurança e a garantia da funcionalidade, sob responsabilidade dos agentes prestadores.

Contudo, a indústria cultural não produz somente músicas, filmes, livros ou telenovelas. Na medida em que precisa reinventar-se, ou melhor, lançar novas mercadorias, a indústria cultural revisita tudo aquilo que se materializou como objeto de cultura de forma a alterar suas "cores" e, na representação de um contexto, tornar objeto de consumo fácil. Logo, "a cultura de massas passa a existir quando a sociedade de massas se apodera dos objetos culturais" (ARENDT, 2007, p. 260). O que pode resultar dessa apropriação como fator de risco é a destruição da cultura para produção de entretenimento.

*Figura 10.2 – Xenofobia.*

Isso não significa que não precisamos de entretenimento, já que precisamos de entretenimento, mesmo que seja administrado. Faz parte do processo vital biológico. No entanto, esse processo instaura uma condição cultural padronizada, ou seja, podemos discutir com os alunos que não é o artista que aparece na televisão todos os dias nem o filme que está em cartaz em todos os cinemas que influenciam a cultura em dada sociedade. Trata-se de uma falsa consciência e um ocultamento da realidade, que impõem às pessoas "um conjunto de valores como se fossem dogmaticamente positivos" (ADORNO, 1995, p. 80).

O conceito de *indústria cultural* procura se diferenciar, segundo Adorno e Horkheimer (1985), da expressão cultura de massa, por esta última soar como uma forma espontânea de arte popular. De forma que a indústria cultural nada tem a ver com espontaneidade, muito pelo contrário, ela adapta produtos ao consumo das massas que, por sua vez, o determinam em grande medida. Para esses dois filósofos, o que se pretende com isso é "forjar" uma arte contemporânea que tenha como imagem uma arte espontânea surgida no cerne das massas, isto é, uma arte popular.

Ecléa Bosi (1977) já apontava, na década de 1970, uma posição mercadológica que dificultava a separação da cultura popular da cultura de massa. O problema se dá quando tentamos separar outras manifestações que aparecem no cerne da cultura popular. Tais manifestações tendem a ser, segundo a autora, pseudopopulares ou popularescas ao se dirigirem às massas. Para Chauí (2000), arte popular é aquela oriunda das classes trabalhadoras e arte de massa é aquela financiada pela indústria cultural, englobando grandes empresas interessadas em lucros. Essa parece ser uma discussão bastante sutil para tratar em aula, mas podemos iniciá-la por um caminho bastante trilhado pelo pensamento crítico.

Para tanto, sugerimos um exemplo palpável aos alunos brasileiros: a emergência do *funk* carioca como ritmo musical. Assim como o *rap*, o *funk* alicerça seu aspecto estético em colagens musicais, dialogando com outros movimentos musicais, mormente, movimentos advindos da cultura negra estadunidense e brasileira. No caso do *rap*, desde seu início, na década de 1980, essas colagens estéticas foram coadjuvantes em relação ao discurso contra-hegemônico que o movimento incitava. Dessa forma, minorias antes sem voz puderam fazer mediações culturais e reorganizar um pensamento cultural em relação às mídias. Acontece que o *rap* foi se "profissionalizando" e suas portas de entrada ficaram mais rígidas e reforçadas, fazendo com que seus poetas e músicos se organizassem em detrimento de um discurso do "contra quem?", já que o movimento estava consolidado como cultura e, por conseguinte, como cultura de consumo.

O *funk*, contemporâneo do *rap*, tomou a frente de modo mais radical para posicionar-se como contracultura. Contudo, seu discurso revela outras dimensões do social. Trata-se de um discurso que vive nas sombras, um discurso clandestino, que, ao abandonar a estética das colagens em seu primeiro momento, pode reinventar-se pelo baixo custo de sua produção na sociedade capitalista. Esse discurso "proibido", sexista, pornográfico, racista, homofóbico, antirreligioso, que tem o sexo como forma de libertação, não poderia adentrar pela porta das mídias tradicionais nem pleitear o apoio da indústria cultural. Todavia, por meio de novas formas, produção e circulação, assim como fez o *rap*, o *funk* se expandiu pela internet, no som dos carros e nos bailes e ganhou boa parte do territorial nacional.

Entretanto, a indústria cultural está atenta a todas as formas de manifestação cultural massificada. Esse é um ponto que podemos discutir com os alunos. Trazemos a seguinte proposta: assistiremos à TV ou ouviremos a rádios e selecionaremos três artistas que se autointitulam MCs (que designa quem canta *funk*); em seguida, escreveremos a letra das músicas, como a que segue:

**Show das poderosas**

*Prepara, que agora é a hora*

*Do show das poderosas*

*Que descem e rebolam*

*Afrontam as fogosas*

*Só as que incomodam*

*Expulsam as invejosas*

*Que ficam de cara quando toca. [...]*

Esse discurso não nos parece mais clandestino nem contra-hegemônico. O *funk* foi transformado, em relação a seu discurso, para poder entrar nas contas da industrial cultural. Na verdade, conquistou essa entrada quando foi repercutido por meios independentes pelo território brasileiro. A internet, de certa forma, tornou tudo isso possível. Os MCs de hoje são artistas adaptados ao estrelato, como ocorreu com *rap* estadunidense. São celebridades, mas precisam adaptar-se às exigências de uma indústria cultural sempre alerta.

Estudar filosofia é ter um pensamento crítico sobre o mundo. Porém, a filosofia não é uma condição apenas formal, ou seja, vista na escola em determinado período escolar. O filosofar pode começar bem antes, já na infância, mesmo que seja na escola.

## 10.3 FILOSOFIA NA INFÂNCIA E FILOSOFIA NA CONTEMPORANEIDADE

O ensino de filosofia, antes de tudo, deve mirar seus olhos desde sempre nas crianças. Países mais desenvolvidos têm ampliado e estimulado o ensino de filosofia desde os primeiros contatos da criança com a educação formal. As crianças, nesse caso, são percebidas como filósofos espontâneos em decorrência de seus questionamentos sobre a vida e tudo o que a move. No entanto, é preciso acuidade para que essa inserção não seja um doutrinamento, por um lado, nem diminua o senso especulativo e crítico, por outro.

Segundo relatório da Unesco, na América Latina e no Caribe, já existem várias iniciativas importantes no campo de filosofia para crianças. São tanto experiências práticas em sala de aula como em instituições que trabalham para a promoção de novas práticas de ensino. Cada país vem contribuindo a sua maneira com iniciativas, o que tem dado subsídio à reflexão de especialistas da educação que são consensuais sobre o papel da educação neste século, qual seja: conferir a todos os seres humanos o pensamento livre.

Parece-nos que esse movimento basilar tem sido linear no ensino de filosofia pelo mundo. Deve-se, pois, pensar esse ensino como cultura, amalgamado na própria formação do cidadão. Assim, deve-se pensar em não tirar da criança aquilo que ela traz consigo, isto é, o questionamento primeiro que motiva a atitude filosófica. Nesse sentido, algumas questões são levantadas. Educar crianças em filosofia é possível ou desejável? No Brasil, por exemplo, temos de considerar as diferentes orientações religiosas, os estratos sociais, as condições econômicas de cada família etc. Nesse complexo desconforto de temas, propor uma reflexão às crianças sobre aspectos existenciais, psicológicos, entre outros, parece difícil, mas não impossível.

Além desses aspectos individuais que apontamos, notamos que diferentes métodos e conteúdos no ensino brasileiro têm se tornado um empecilho para um consenso metodológico. Por outro lado, essa "liberdade de cátedra", trabalha com o argumento de que métodos muito homogêneos nada mais são que uma forma de doutrinamento. Contudo, é irrefutável o argumento de que o ensino de filosofia deva iniciar-se nos primeiros anos escolares. Logo, o que devemos pensar é de que forma tem sido ou deve ser essa inserção.

Para isso, o relatório da Unesco dá uma pista. As perguntas existencialistas feitas por crianças na idade escolar podem e devem ser compartilhadas, ou melhor, socializadas. O intuito é fazer aquele indivíduo não se sentir só, sem respostas no mundo, não individualizar ainda mais suas emoções, mas sim fazer parte de um todo social, dividindo seu questionamento com o outro e descobrindo que o outro também tem suas indagações. O que reforça a ideia de comunidade.

O relatório elaborado pela Unesco sobre o ensino de filosofia na Europa e América do Norte tem aspectos diferentes. Na Europa, constatou-se que o ensino de filosofia ou a apresentação de filosofia tem iniciações diferentes. Se países como Espanha, França, Portugal e Itália têm o ensino de filosofia inserido no currículo escolar como tradição, há países em que não acontece o mesmo.

São diversos os motivos que levaram a tanta disparidade no ensino de filosofia, de conflitos religiosos a reformas intelectuais. Muitos países que incluem a Filosofia como disciplina curricular a usam como educação moral.

Ainda segundo o relatório, os debates sobre o tema ocorrem muito em relação ao papel da escola e da educação na vida do cidadão. Na Europa, bem como no Brasil, já se constata que o ensino tem enfatizado meios mais práticos do que reflexivos. Em outras palavras, a escola tem estimulado o estudante a seguir um caminho menos íngreme em busca da profissionalização, procurando conteúdos técnicos que o insiram no mercado de trabalho. Na Europa, além desses fatores, o estudo descobriu, por meio de especialistas, que há uma crise da razão afetando a filosofia naquilo que tem de essencial.

Contudo, a filosofia pode fazer a coesão social em decorrência da heterogeneidade de identidades hoje presentes na Europa. Estudos apontam que em razão da diversidade da população e, sobretudo, de estudantes residentes na Europa, também em decorrência da necessidade de adaptar a educação essa nova realidade, a filosofia – dada sua natureza dialética e argumentativa – pode servir de condição propícia ao diálogo e às experiências de práticas pacíficas nessas sociedades multiculturais. Segundo o relatório, há duas questões a considerar: como é que o ensino da filosofia mudou desde a fim da Guerra Fria? Em que medida a integração europeia influenciou a política de educação em geral, bem como as concepções de filosofia de ensino, os valores morais, a ética e a religião em particular?

Como podemos observar, a situação do ensino de filosofia no mundo é bastante diferente se considerarmos, de um lado, a América Latina e o Caribe e, de outro, a Europa e a América do Norte. No entanto, é consensual nos estudos sobre o tema que a filosofia deva fazer parte da vida do cidadão desde cedo. De acordo com essa visão, o relatório sugere que seria difícil discordar que um espírito crítico de uma cultura do questionamento fosse de maior interesse para os indivíduos se estimulado e sustentado desde cedo.

Nos Estados Unidos, surgiram as primeiras teorias sobre filosofia para crianças. Atualmente, essas teorias transformaram-se em práticas e projetos espalhados por países europeus. Em países da América Latina, as teorias são disseminadas por meio de instituições e professores interessados, ou ainda por projetos custeados pelos Estados Unidos nesses países, geralmente no âmbito da iniativa privada.

O relatório da Unesco ainda ressalta que as práticas que envolvem filosofia com as crianças podem ser vistas hoje como uma "inovação" real, susceptível de contribuir com a melhoria da "educação" e a formação de indivíduos capazes e responsáveis. Em todo o mundo, como vimos, parece consensual que o ensino de filosofia nos primeiros anos escolares tem sido mais eficaz na formação do cidadão, desde que não seja apenas pretexto para doutrinar este ou aquele grupo. Estimular a reflexão e o questionamento desde cedo tem sido reconhecidamente eficaz na educação. A ideia de formar cidadãos capazes de decidir, refletir, questionar e opinar parece-nos que está de acordo com a existência de sociedades multiculturais em muitos países da Europa.

Em suma, além dos esforços exigidos para o ensino de filosofia nos anos finais do ensino obrigatório e no ensino universitário, notamos um redirecionamento ao ensino nos primeiros anos escolares. Países da América Latina e do Caribe voltam-se a esse estágio sabendo que os resultados são a médio e longo prazos, No entanto, tais índices não serão vistos em números, mas em sociedades mais justas, críticas, democráticas e igualitárias.

## 10.4 DESAFIOS DO ENSINO DE FILOSOFIA NA CONTEMPORANEIDADE

O ensino de filosofia tem enfrentado em diversos países um sentimento de descrédito em meio a exigências de resultados para o trabalho e do consumo do mundo atual. Na sociedade brasileira contemporânea não é diferente. Nos últimos vinte anos, nossa sociedade mudou drasticamente no que diz respeito a avanços tecnológicos e transformações na sociedade do trabalho. Somos hoje inseridos em uma sociedade virtual em que os meios de informação e comunicação são tão essenciais como volúveis.

A escola, por sua vez, em virtude de suas práticas e culturas tradicionais e burocráticas, tem tido dificuldade para atender a essa nova demanda. O desafio é proporcionar a crianças e jovens um desenvolvimento humano pleno que contemple e responda às novas exigências do mundo contemporâneo. Para tanto, é necessário o esforço de todos em prol da educação. Gestores, funcionários, pais de alunos, sindicatos, governantes, grupos sociais e, sobretudo, professores – profissionais de extrema importância para repercutir na escola as exigências da sociedade contemporânea – devem mover novos atores para que ajam na construção de uma nova escola. Assim, entendemos que a filosofia como saber e conhecimento pode contribuir para essa transformação.

Nesse intuito, consideramos que os desafios do ensino de filosofia no Ensino Médio devem ser enfrentados não só com políticas públicas para a educação como também com pesquisa e atuação efetiva do professor de filosofia na sala de aula. O papel do professor é fundamental na democratização do ensino. Sua formação, valorização profissional e condições de trabalho são de extrema importância para que esse processo seja pleno.

Hoje, não basta estudar filosofia como algo intrinsecamente subjetivo e encantador do espírito. Já há uma preocupação com a inserção desses estudantes no magistério. A pergunta que surge é: como se apropriar daquilo que se teve contato na universidade e transformar em ferramenta da prática docente? As universidades estão buscando novos rumos de pesquisa e debatendo constantemente o tema. O problema é que tal debate ainda se mantém em um campo muito restrito, ou seja, as pesquisas sobre o tema acontecem ainda estritamente em fóruns, seminários, conferências e palestras dentro das próprias universidades.

Em seu artigo "Discurso aos estudantes sobre a pesquisa em filosofia", o professor Porchat (2010, p. 19) põe uma questão preliminar atinente ao debate dissonante que ocorre no ensino de filosofia e na pesquisa dessa área: pesquisa em filosofia ou pesquisa em história da filosofia? Segundo Porchat, a história da filosofia é rica em termos de produção, qualidade, método, reconhecimento, expansão etc. Já a filosofia ainda é objeto de discussão. Contudo, as duas concepções não se excluem. É eficaz a um bom pesquisador em filosofia ter uma profunda abordagem da história da filosofia, ao mesmo tempo que ser um bom historiador da filosofia é "condição" para que um estudante possa tornar-se "filósofo".

Outro desafio diz respeito à avaliação. Sobre esse tema, Portugal e França têm sido palco de debates. O material criado em razão desses debates apresenta algumas iniciativas acerca da avaliação no ensino de filosofia. O modelo de documento elaborado pelos estudiosos Aires Almeida e António Paulo Costa, como sugere o gênero, propõe-se a estabelecer métodos sobre a avaliação de filosofia no Ensino Médio em Portugal. Os autores argumentam que as inúmeras discussões abordando esse tema geram, nos melhores casos, divergências que não têm animado à resolução da questão, ou seja, por falta de consenso em relação às questões de avaliação no ensino de filosofia, a arbitrariedade nesse âmbito ainda prevalece.

O modelo constituído pelos autores citados tenta, de certa forma, mitigar caráter subjetivo da avaliação. Propondo que a objetividade na avaliação do ensino de filosofia deve ser, tanto quanto possível objetiva. Entretanto, essa objetividade implica algumas perdas, sobretudo, em longo prazo. Por outro lado, a rejeição de modelos avaliativos que sejam objetivos em qualquer disciplina denota certo grau de fluidez subjetiva – por parte dos envolvidos, professores e alunos – que a estrutura educacional de nosso país talvez não comporte.

Nesse paradoxo, mas em Portugal, Almeida e Costa (2010/2011) propõem um modelo de avaliação, partindo das seguintes questões: o que pode e deve ser avaliado na disciplina de Filosofia? E como deve isso ser feito? A proposta parte da inversão que geralmente se faz no ensino de filosofia, ou seja, primeiro as competências são avaliadas, depois as atividades são selecionadas, bem como os métodos para avaliar o estudante. Os autores estabelecem uma analogia com outras disciplinas para fundamentar o erro de estabelecer os instrumentos avaliativos em detrimento das competências filosóficas básicas a serem buscadas. Muito mais ligado às competências do que às atividades avaliativas, o estudo procura estabelecer um parâmetro para orientar o professor de filosofia do Ensino Médio.

A primeira atitude, segundo os autores citados, é partir do vivido para o pensado, ou seja, parte-se do princípio que os alunos conseguirão formular problemas a partir de suas vivências e não a partir dos livros. Princípio este – de acordo com os autores – reforçado pelos programas oficiais. Acrescentamos que no Brasil, no que tange ao ensino de filosofia no Ensino Médio, também é assim. Essa posição é combatida por muitos filósofos contemporâneos que defendem o contrário, especificamente no ensino superior. Assim, podemos notar que a metodologia não é consensual.

O professor poderia avaliar as competências e os conteúdos de filosofia que seus alunos apresentam sem trabalhar com eles um livro? Do vivido para o pensado? Almeida e Costa nos autorizam a pensar que sim, pois, segundo eles, "Isto significa que também não se deve reduzir a filosofia à sua história. Até porque não se pode fazer boa história da filosofia sem se saber filosofia" (2010/2011, p. 10).

Há muitos desafios do ensino de filosofia na contemporaneidade. Estamos em plena construção de propostas que contemplem metodologias, avaliações e temas a serem abordados. Toda contribuição teórica ou metodológica visa sua inserção como forma de debate. Cabe ao professor de filosofia participar mais ativamente desse debate e construir suas aulas por essa dialética.

## REFERÊNCIAS BIBLIOGRÁFICAS

ADORNO, Theodor. **Educação e emancipação**. Tradução de Wolfgang Leo Maar. Rio de Janeiro: Paz e Terra, 1995.

ADORNO, Theodor; HORKHEIMER, Max. A indústria cultural: o esclarecimento como mistificação das massas. In: _____. **Dialética do esclarecimento**. Tradução de Guido Antonio de Almeida. Rio de Janeiro: Zahar, 1985. p. 99-138.

ALMEIDA, Aires; COSTA, António Paulo. **Avaliação das aprendizagens em filosofia:** 10º/11º anos. Lisboa: Ministério da Educação de Portugal, 2010/2011.

ARENDT, Hannah. A crise na cultura: sua importância social e política. In: _____. **Entre o passado e o futuro**. Tradução de Mauro W. Barbosa. 6. ed. São Paulo: Perspectiva, 2007.

BOSI. Ecléa. **Cultura de massa e cultura popular**: leituras de operárias. Petrópolis: Vozes, 1977.

CHAUÍ, Marilena Souza. **Convite à filosofia**. 7. ed. São Paulo: Editora Ática, 2000.

DENNETT, Daniel Clement. **Brainstorms**: escritos filosóficos sobre a mente e a psicologia. Tradução de Luiz Henrique de Araújo Dutra. São Paulo: Ed. da Unesp, 2006.

PORCHAT, Oswaldo Pereira. Discurso aos estudantes sobre a pesquisa em filosofia. **Fundamento**, Ouro Preto, v. 1, n. 1, p. 18-33, set.-dez. 2010.

UNESCO. **Teaching philosophy in Latin America and the Caribbean**. Paris: Social and Human Sciences Sector, 2009. Disponível em: <unesdoc.unesco.org/images/0018/001851/185119e.pdf>. Acesso em: 22 out. 2015.

_____. **Teaching philosophy in Europe and North America**. Paris: Social and Human Sciences Sector, 2011. Disponível em: <unesdoc.unesco.org/images/0021/002140/214089e.pdf>. Acesso em: 22 out. 2015.

### Sugestões de leitura

NAGEL, Thomas. Como é ser um morcego? **Cadernos de História e Filosofia das Ciências**, Campinas, v. 15, n. 1, p. 245-262, jan.-jun. 2005. Série 3. Disponível em: <www.cle.unicamp.br/cadernos/pdf/Paulo%20Abrantes(Traducao).pdf>. Acesso em: 10 jun. 2014.

TINHORÃO, José RAMOS. **História social da música popular brasileira**. São Paulo: Editora 34, 1998.

# 11

# Considerações finais

A presença da filosofia no Ensino Médio procura possibilitar ao aluno tomar parte do cabedal filosófico do conhecimento humano, responsável pela evolução epistemológica da humanidade. Além disso, favorece o desenvolvimento de uma visão integral do processo formativo, das relações, da sociedade, das culturas e do próprio ser humano. Isso se dá porque a filosofia, no processo de ensino e de aprendizagem, propicia diversas pontes dialógicas com os demais saberes desenvolvidos pela humanidade.

Como resultado, temos a grande facilidade de ter contato com o fazer filosófico a partir da literatura, do cinema, das artes visuais, da matemática, da física, da biologia, da química e dos demais componentes do currículo do Ensino Médio. Acreditamos que muitos projetos propostos para o Ensino Médio passam pela articulação dos filósofos. Assim, procuramos elaborar este livro aberto às incursões do saber com os demais componentes curriculares.

Os problemas levantados pelos capítulos aqui presentes são abrangentes e visam à formação de um sujeito integral, ético e consciente de seu ser no mundo, capaz de aplicar os conhecimentos técnicos de maneira a promover os direitos humanos e a construção de uma sociedade mais justa. A essência desta obra subsiste em problematizar e fomentar o movimento do filosofar.

Olhamos o processo do ensino da filosofia como um movimento de filosofar articulado ao contexto histórico da filosofia e aos apontes das correntes tradicionalmente mais discutidas no Ensino Médio. No entanto, não fechamos as portas para visões filosóficas ainda pouco frequentadas, tais como a filosofia latino-americana. Nesse sentido, ao longo dos capítulos, discutimos as possibilidades de reflexões e práticas do ensino de filosofia no Ensino Médio, procurando melhorar a interlocução com o aluno.

Em linhas gerais, trata-se de um suporte ao professor, não impedindo sua ação criadora e autônoma diante do que se propõe nos capítulos. Não é um manual nem uma didática pura do ensino da filosofia, mas sim uma troca de experiências e pistas de ação entre professores, por isso faz parte de uma coleção intitulada *A reflexão e a prática no Ensino Médio*.

Temos consciência das limitações deste livro, que não abordou determinadas correntes filosóficas nem aprofundou o estudo de outras. Podemos citar, por exemplo, a tênue abordagem da filosofia no Brasil, a não exploração da filosofia africana, a impossibilidade de fazer o devido cotejamento com filosofias ou correntes filosóficas importantes, como o racionalismo, o empirismo, o marxismo, o existencialismo, entre outras.

Nosso recorte buscou, por um lado, pautar as propostas de reflexão e de atividade em filósofos e filosofias essenciais, como no caso das origens da filosofia, da lógica, da estética e da metafísica. Por outro lado, estabelecemos diálogo com questões contemporâneas sociais e políticas, como no caso das relações de poder, da filosofia latino-americana, do conhecimento científico, da cultura de massa e dos desafios impostos ao mundo contemporâneo no tocante à educação.

Por todas essas razões, a proposta basilar deste livro é construir horizontes e possibilidades práticas do ensino da filosofia em diálogo com o mundo, utilizando-se das produções de outras áreas do conhecimento e da cultura, principalmente, das problemáticas que emergem do mundo humano que criamos. Está aliada a essa proposta a concepção de que não há como estudar filosofia sem fazer filosofia, ou seja, filosofar. Filosofar é pensar a realidade, problematizá-la, levantando questionamento sobre as bases fundamentais do que pensamos e vivemos e expressando nosso pensamento em forma de conceitos para pensar novas possibilidades de transformação.

Nós, professores de Filosofia, para sermos filósofos, temos de fazer o exercício constante de filosofar, conscientes de que estamos sobre os ombros de gigantes do pensamento. Não devemos repetir suas reflexões, mas sim pensar nosso tempo e abrir caminho para o novo, inédito e inaugural de uma nova realidade.

Esperamos, assim, ter contribuído de alguma maneira com a prática do ensino da filosofia, ávidos pela sempre crescente qualidade das abordagens filosóficas. Sabemos o desafio que enfrentamos para nosso componente curricular não ser visto como mero enfeite nas matrizes curriculares de diversos sistemas de ensino. Porém, olhando o exemplo de Sócrates, nem sempre o fazer pensar é bem acolhido. Mesmo assim, aceitamos a missão de, ao voltar às cavernas, difundir nosso grande amor à sabedoria!

**GRÁFICA PAYM**
Tel. [11] 4392-3344
paym@graficapaym.com.br